# im Separee mit Marilyn Monroe

## Reisen mit dem Auto durch Osteuropa
## 1977 bis 1985

**BJR Linde**

# Im Separee mit Marilyn Monroe

## Reisen durch Osteuropa 1976 bis 1985

© 2016 Bernd Linde

Verlag: tredition GmbH, Hamburg

ISBN
Paperback:     978-3-7345-7029-2
Hardcover:     978-3-7345-6943-2
e-Book:        978-3-7345-6944-9

Printed in Germany

# Inhaltsverzeichnis



## *Natürlich hatten wir Reisefreiheit — leider aber eingeschränkt!*

Das muss erst mal erklärt werden - was bedeutet eigentlich „Reisefreiheit"?

Kann ich reisen, wohin ich weltweit will, oder kann ich nur dahin fahren, wo ich mir die Reise leisten kann? Die Antwort war für Menschen aus der DDR, die gern andere Länder erkunden wollten, klar — da blieben nur die Länder im Osten Europas!

Der Wunsch nach „Reisen, wohin ich will" hatte demnach zwei Probleme:

DÜRFEN und KÖNNEN!

1. durften wir nicht „weltweit", und

2. konnten wir wegen fehlender Devisen „weltweit" nicht!

Also blieben den Ostdeutschen nur die Länder Osteuropas, die dann auch mit dem Zelt, Auto und Zelt, Auto und Wohnanhänger, Auto und Reise auf festgelegter Route (das waren die Routen durch die Sowjetunion) oder mit dem Flugzeug (auch festgelegte Routen und Ziele) diese Länder erkundeten.

Also: Reisefreiheit schon, jedoch vollständig eingeschränkt auf Reisen zu den „Brudervölkern", die uns nicht unbedingt als „Brüder und Schwestern aus der DDR" ansahen, da wir — das kommt noch!

Erschwerend wirkten die Reisebedingungen, die die zur „sozialistischen Völkerfamilie" gehörenden Länder ihren reisefreudigen Leuten gewährten. Das fing beim Planen einer Urlaubsreise durch mehrere Länder damit an, die nicht untereinander konvertierbaren Währungen Osteuropas klug zu planen.

Als Beispiel:

Bei der Planung einer Reise nach Bulgarien, wobei die Reiseroute über die Tschechoslowakei, Ungarn, Rumänien bis Bulgarien und dann die Route zurück führte, musste man genau kalkulieren, wie lange man im jeweiligen Land bleiben würde, denn nach diesem Schlüssel kalkulierte die Industrie- und Handelsbank der DDR die entsprechenden Währungen!

Als Beispiel:

Für unsere dreiwöchige Reise 1976 mit dem Ziel Bulgarien erhielten wir für den Preis von 2.057,80 Mark der DDR

360,00     tschechische Kronen für 3 Tage

1.800,00     ungarische Forint für 3 Tage

1.780,00     rumänische Lei für 11 Tage und

176,00     bulgarische Lewa für 4 Tage

inklusive einem Scheck für 200,00 Mark der DDR, den man im jeweiligen

Ausland einmalig in die dortige Landeswährung umtauschen konnte.

Manipulieren ging nicht, denn die längste Dauer einer Reise lag bei drei bis vier Wochen, da das der übliche Jahresurlaub war, und — das war im Beispiel das Geld für eine vierköpfige Familie!

„Nicht kompatibel" wurde in den jeweiligen Ländern auch rigoros umgesetzt! Wenn man zum Beispiel auf dem Rückweg aus Bulgarien wieder in Rumänien eintraf, waren die bulgarischen Lewa nicht in die rumänische Währung umtauschbar, die musste man dann bis zur Rückkehr in die DDR verstauen und erst dort in Mark der DDR zurück tauschen.

Eine derartige Urlaubsreise erforderte daher eine generalstabsmäßige Planung, die mit entsprechenden Tauschgeschäften abgefedert werden musste, dazu jedoch in den jeweiligen Reiseberichten später!

Und - das war alles Bargeld, also nichts mit „schnell mal zum Automaten Geld abheben" oder mit der Kreditkarte bezahlen, das gab es im „real existierenden Sozialismus" nicht.

# Doch nun zu den Reiseberichten!

Vier Wochen in die Tschechoslowakei, über
Ungarn und Rumänien nach Bulgarien und zurück
Reise vom 17. Juli bis zum 14. August 1976

Am 17. Juli gegen 4 Uhr morgens ging unser Urlaub los, unser Wartburg „Tourist" war für die 4-wöchige Reise mit Gepäck für Eltern und zwei Kinder voll gepackt. Drei Stunden später fuhren wir durch das menschenleere Dippoldiswalde bis zur Grenze in Zinnwald, dort konnten wir von „menschenleer" nur träumen! Weil es so schön früh war, hatten die DDR- und tschechischen Grenzer viel Zeit — das Wort „Schikane" blieb uns im Hals stecken.

Nach mehr als einer Stunde ging es weiter über Prag, bei starker Hitze legten wir hinter Prag an einem kleinen und klaren See eine Badepause ein.

Unser Tagesziel, der Ort Znojmo, war am späten Nachmittag erreicht, wir bogen aber vorher nach Bitov ab, da gab es zwei wunderschöne Campingplätze, auf denen jedoch sämtliche Bungalows ausgebucht waren. Also dann doch nach Znojmo, der „Autokampink" lag zwei Kilometer hinter dem Ort, dort war nun auch nichts mehr frei, wir schliefen also im Auto, Gepäck wurde auf das Autodach bugsiert. Der Platz kostete 20 Kronen, also knapp 7 Ostmark.

Znojmo, deutsch Znaim, geht auf die Zeit des großmährischen Reiches zurück. Im 9. Jahrhundert gab es dort eine Burgstelle, die heutige Stadt liegt auf einer Felszunge am Ufer der Thaya.

Am 18. Juli ging die Reise weiter in Richtung Bratislava, am frühen Nachmittag erreichten wir den Autocamping Zlate Piesky Bratislava, gelegen an einem schönen Zelt- und Badeplatz mit einem Vier-Personen-Bungalow, der nur auf uns wartete!

Slate Pinsky liegt an einem großen Badesee am Stadtrand von Bratislava. In den 1970er Jahren war der Platz sauber und nicht überbelegt, der Badesee auch für Kinder gut geeignet.

Am 19. Juli starteten wir gegen 10 Uhr morgens über Esztergom, Visegrad und Szentendre, wo wir uns vergeblich um ein Quartier bemühten und kamen bis nach Budapest.

Bei der „Hauptstädtischen Fremdenverkehrsdirektion" (Budapesti Idegenforgalmi Vallalay, kann man sich gut merken!) erhielten wir einen „Zimmergutschein" (Szobautalvany, auch einleuchtend) für ein

wunderschönes Zimmer bei Herrn Sandor Gödry in der Bajcsy-Zielinsky-Strasse direkt am schönen Deak-Platz.

Das Zimmer kostete 235 Forint, das waren knapp 50 Ostmark, 370 Ostmark genehmigte uns die Industrie- und Handelsbank für den gesamten Aufenthalt in Ungarn — und da hatten wir noch nichts gegessen!

Das taten wir dann fürstlich bei ungarischer Fischsuppe (Achtung: unbedingt Brot mit bestellen, sonst brennt einem der Gaumen ab!) und lieblichem Weißwein. Ein abendlicher Spaziergang durch die sehenswerte Hauptstadt Ungarns führte uns zurück zu Herrn Gödry's schöner Altstadtwohnung.

Budapest ist Hauptstadt und zugleich größte Stadt Ungarns. Durch die Zusammenlegung der zuvor selbstständigen Städte Buda und Pest entstand 1873 damals Budapest.

Der 20.Juli bedeutete eine Wende in unserer Reiseplanung. Nach einem wunderschönen Spaziergang an der Donau entlang fuhren

wir zum Romai Camping, einem der schönsten Campingplätze
Ungarns. Dort, gegen 11 Uhr, übernahmen wir von Herrn Noack,
einem Kollegen aus dem Chemieinstitut, in dem ich arbeitete,
einen Campinganhänger vom Typ „Klappfix CT-6", der dem
Institut gehörte. Diesen Campinganhänger hatten wir ab Budapest
gemietet und sollten ihn auf der Rückreise an die auf uns folgende Familie übergeben werden.

Das herrlich gelegene Romai-Bad verfügte über Becken unterschiedlicher Temperaturen, wir genossen das sommerliche Wetter und die neue Erfahrung mit einem Wohnanhänger in vollen
Zügen. Der „Klappfix" konnte schnell auseinandergeklappt werden, es entstand ein Hochbett oberhalb der Räderachse, die
Deckplatte wurde zur Bodenplatte, eine weitere Schlafmöglich-
keit für die Töchter konnte heraus geklappt werden — daher
„KLAPPFIX". An einer Aussenseite konnte eine „kleine Küche"
geöffnet werden - fertig!

Den Nachmittag verbrachten wir bei einem Stadtrundgang und
beim Einkaufen in der Vaci Utca, der eleganten Einkaufsstraße
Budapests, schlenderten über die Erszebed-Brücke und fuhren am
Abend mit der Metro und der Straßenbahn HEV zum Roman
fürdö zurück. Bei einer Flasche ungarischen Weins genossen wir
den Abend im „eigenen Heim".

Der 21. Juli zeigte sich mit „Kaiserwetter", wir genossen die
Romai Fürdö-Bäder, fuhren am Nachmittag zur Fischerbastei mit
herrlicher Aussicht über das zu Füßen liegende Budapest, tranken
starken Kaffee am Batthanny Platz und badeten am späten
Nachmittag nochmals in den schönen Bädern am Campingplatz.
Leider konnte ich die in der Stadt erworbene LP von

Paul McCartney nicht abspielen, wir hatten natürlich keinen Plattenspieler in unserem Reisegepäck dabei.

Die Campinplatzgebühr für zwei Tage betrug 126 Forint, das waren 42 Ostmark.

Der 22. Juli war unser letzter Tag in Budapest. Nach letztem „Abbaden" und Abbauen des „Klappfix" starteten wir gegen 10 Uhr nach Hajduszoboszlo, wo wir gegen mittag nach etwa 230 Kilometern Fahrt ankamen.

Hajduszoboszlo, auf deutsch Sobols, ist ein Kurort in der ungarischen Tiefebene. Der berühmte Hortobagyi-Nationalpark ist in der näheren Umgebung, die größte Kur-Freibadanlage ist das Thermalbad Haiduszoboszlos mit einer Fläche von 30 Hektar. Der Campingplatz des Orts war schön und durch den Baumbestand schattig, das daneben liegende Thermalbad mit Bädern unterschiedlicher Temperaturgrade genau richtig. Am Abend saßen wir am Lagerfeuer mit einer tschechischen Familie zusammen, die zu tschechischen Volksliedern anstimmten.
Die am nächsten Morgen, dem 23. Juli, von der Rezeption des Campingplatzes überreichte Preisliste (Nyugta) enthielt Positionen wie „Területhasznalati dij", „Összesen", „Szallasdij Összesen" und „Üdülöhelyi dij", welche zu einer Gesamtsumme von 123 Forint, also etwa 40 Ostmark, führte.

Nach dem Tanken unseres Wartburg Tourist starteten wir gegen 10 Uhr in Richtung Rumänien. Ungarn ist ein kleines Land, gegen Mittag waren wir bereits am Grenzübergang Oradea. Die rumänische Stadt liegt etwa 13 Kilometer von der ungarischen Grenze entfernt am östlichen Rand der Tiefebene und an den

Ausläufern des Apuseni-Gebirges. Burg und Stadt sind sehenswert, ein Teil der Stadt liegt auf den Varadienser Hügeln.

Nach etwa 30 Minuten Abfertigung ging es in Rumänien über die Universitätsstadt Cluj nach Turda, einer kleinen Stadt mit einer einzigartigen Schlucht als Sehenswürdigkeit.

Die Fahrt dorthin war von wolkenbruchartigen Regenfällen begleitet, der Campingplatz war schön, abends gab es noch eine rumänische Tanzveranstaltung. Die Campinplatzgebühr betrug 8 Ostmark.

Turda liegt im Westen vom Siebenbürgischen Becken nordöstlich des Trascau-Gebirges. Die Stadt hat eine lange Geschichte: Zuerst siedelten die Dakar (Potaissa) hier, dann wurde Turda eine römische Festung, um die sich später die Kolonie gründete. Zu dieser Zeit wurde hier bereits Salz abgebaut, der römische Kaiser Trajan ließ um das Jahr 110 eine erste Strasse bauen.

Der 24. Juli begann mit einer Einkaufs-Tour durch Turda, wobei das Wort „Einkaufen" für Turda und dann für die folgenden Tage in Rumänien nicht mehr zutreffend war.

Im Vergleich zu Ungarn war Rumänien ein armes Land. Die Grundnahrungsmittel waren vorhanden, darüber hinaus gab es fast nichts.

Am Ortsrand befand sich ein salzhaltiges Strandbad, dort erholten wir uns von der anstrengenden „Einkaufstour" bis gegen Mittag. Nach dem Mittagessen im „Klappfix" (weißer Bohnen-Eintopf) fuhren wir zur Turda-Klamm, dem herrlichen Taleinschnitt mit (im Sommer zum Glück schwächlichen) Gebirgsfluss. Das Klettern und die Umgebung waren atemraubend, und das nicht nur wegen der extrem hohen Temperaturen.

Auf beiden Seiten des Gebirgsflusses hingen Gestrüpp und Äste bis zu 2 Metern Höhe in den Bäumen am Rande des Flusses, bei einer Schneeschmelze würde man kaum aus dem Flussbecken herauskommen.

Auf dem Rückweg beim Obst-Einkaufen auf den Markt in Turda verkaufte ich meine Armbanduhr für 200 Ostmark (etwa 950 rumänische Lei), womit ich die zu Beginn der Reiseerläuterungen erwähnte „Abfederung mit Tauschgeschäften" profitabel beginnen konnte.

Am 25. Juli gegen 8 Uhr morgens starteten wir in Richtung Hermannstadt (Sibiu). Unterwegs machten wir noch eine Pause im Heilbad Ocna Sibiuhi, dort gab es jedoch nur Salzwasserbäder, so dass wir weiter fuhren und gegen Mittag an einem schönen, schattigen Campingplatz in Hermannstadt ankamen.
Die Stadt in Siebenbürgen hat viele Einwohner, die ein etwas veraltet-wirkendes Deutsch, das der Siebenbürger Sachsen, sprechen und sich riesig über die „Deutschen aus Deutschland" freuten. Wir besichtigten das „Museum der Volkstechnik" und machten noch einen ausgiebigen Spaziergang durch die mittelalterliche Altstadt. Eine Flasche rumänischen Weißweins rundete den ereignisreichen Tag ab.

Sibiu wurde vermutlich um das Jahr 1147 von deutschen Siedlern gegründet. Diese ließen sich auf dem Hügel über dem Zibin-Fluss nieder.

1191 wurde „praepositum Cibiniensem" urkundlich erwähnt, ab 1223 ist der lateinische Name „Villa Hermanns" belegt, die kölnischen Siedler benannten den Ort nach einem ehemaligen Kölner Erzbischof.

Der nächste Tag begann mit einem ausgedehnten Rundgang durch die Altstadt von Sibiu. In vielen Geschäften hatten die Verkäuferinnen Schilder mit deutschen Familiennamen: „Erika Müller" verkaufte uns bestrickte Baumwollblusen für die Töchter!

Gegen Mittag fuhren wir auf der Transfagaras-Straße in Ríchtung Bilea-Wasserfall. Die Transfagarascher Gebirgsstraße verbindet das Arges-Tal mit dem Olt-Tal in Siebenbürgen, wobei sie das Fagaras-Gebirge in den Transsilvanischen Alpen überquert. Die Landschaft war überwältigend!

Beim Hochklettern zum Wasserfall gerieten wir in einen Gebirgs-Wolkenbruch, der gefährlich wurde. In einer kleinen Felsnische sang unsere jüngste Tochter ohne Unterbrechung „Sonne, liebe Sonne…".
Als wir völlig durchnässt am vollkommen trockenen Stellplatz unseres Autos ankamen, wurden wir wie Zombies betrachtet! Später erzählte man uns, daß es im Transfagaras viele Braunbären gäbe, da sahen wir den Wolkenbruch mit ganz anderen Augen!
Zurück ging's zum Campingplatz in Sibiu.

Gegen 9 Uhr früh ging unsere Reise am 27. Juli über Fagaras nach Brasov weiter, welches wir nach zirka 150 Kilometern gegen 12 Uhr erreichten.

Brasov (Kronstadt) wurde von Rittern des Deutschen Ordens im 13. Jahrhundert als südöstlichste deutsche Stadt in Siebenbürgen unter dem Namen Corona gegründet. Die Stadt war über Jahrhunderte das kulturelle, geistige, religiöse und wirtschaftliche Zentrum der Siebenbürger Sachsen. Seit dem 13. und 14. Jahrhundert fielen Tartaren und Türken immer wieder in die Stadt ein.

Brasov gehörte zum Königreich Ungarn, zum Fürstentum Siebenbürgen, und zu Österreich-Ungarn, bevor es im Jahr 1920 an Rumänien abgetreten wurde.

Auf einem sehr schön gelegenen Campingplatz am Stadtrand mit Aussicht auf die Berge schlugen wir unseren „Klappfix" auf, bevor wir uns zur Besichtigung von Brasov aufmachten. Der späte Nachmittag führte uns zu den Wehrkirchen von Prejmer und Harman, deren Geschichte bis auf die Zeit der Türkenbelagerungen zurückgeht.

Die Kirchenburg Prejmer (deutsch Tartlen oder Tortalen) gehört zum Weltkulturerbe der UNESCO. Die Ringmauern der Burg sind bis zu 12 Metern hoch und drei bis vier Meter dick. In der Höhe des Wehrgangs wurde die Mauer mit Schießscharten und Gussöffnungen (Pechnasen) ausgestattet. Etwa 200 Wohnungen befanden sich an der Innenseite der Burgmauern.

Der Todesengel, ein dickes Brett, welches sich um eine eiserne Achse drehen lässt und beidseitig mit je fünf Vorderlader-Schießrohren belegt war, war bei den Angreifern befürchtet. Die Kirchenburg von Harman (deutsch Honigberg) ist ebenfalls sehenswert, besonders wegen der wertvollen Malerei-Ensembles der Siebenbürger Kultstätte.

Am Nachmittag kamen immer mehr „freie Händler" zum Campingplatz und boten ihre Waren an. Anstelle von Preisanzeigen an interessanten Reiseandenken etc. wurde oft recht unkonventionell informiert und gehandelt. Ein sehr schön geschnitztes Holzbesteck fand unsere Aufmerksamkeit. Bei meiner Frage nach dem Preis benetzte der Händler seinen Zeigefinger im Mund und schrieb dann mit nassem Finger den Preis auf seine Hose.
Der Handel war perfekt!

Am frühen Morgen des 28. Juli führte uns unsere Reise über Predeal nach Sinais mit „Außenbesichtigung" des Schlosses Peles. Dieses Schloss, erbaut 1883 für den rumänische König Caról I., verschwand nach 1976 wortwörtlich von der Bildfläche und diente dem diktatorischen Regierungschef Ceausescu als Sommerresidenz. Das erfuhren wir jedoch erst viel später!

Nach zirka 250 Kilometern fanden wir über Umwege den Campingplatz im Bäneasa-Wald nahe Bukarest, wo wir wegen plötzlichem und extremem Wolkenbruch den Nachmittag im Wohnanhänger verbringen mussten. Unser Vorzelt stand unter Wasser, viele Zeltnachbarn waren völlig durchnässt und trockneten sich in den Waschräumen.

Am 29. Juli besichtigten wir das historische Zentrum von Bukarest, welches immer mehr dem Plattenbau-Stil weichen musste. Ein Mittagessen in einem Fischrestaurant war unerhört teuer und mittelmäßig, die Preise waren „touristisch bearbeitet". Der Abend im Restaurant „Ambassador" des Campingplatzes „Pädurea Bäneasa" war dagegen beeindruckend, das Essen und der Wein ansprechend.

Bukarest ist mit etwa 2 Millionen Einwohnern die größte Stadt Rumäniens und seit 1659 die Hauptstadt. Die Stadt verfügt über mehrere Universitäten, Hochschulen sowie zahlreiche Theater und Museen.

Nach Dauerregen die Nacht hindurch führte uns unsere Reise am 30. Juli nun nach Bulgarien.
Beim „Zusammenklappen" des „Klappfix" zeigte dieser uns seine komplizierte Seite: Das nasse Zeltdach ließ sich nur schwer unter die Deckplatte des Wohnanhängers bringen, Koffer und Taschen mussten wir auf dem Dach verzurren, nichts ging mehr in das Innere rein.

Gegen Mittag erreichten wir die bulgarische Stadt Giorgiu.

Unterwegs dorthin wurden wir noch in Rumänien von einem Polizeioffizier (die Uniform wirkte komödiantisch) wegen angeblich überhöhter Geschwindigkeit angehalten. Er forderte 375 Lei Strafe in bar, reduzierte aufgrund unserer Weigerung seine Forderung immer weiter und war dann letztendlich bei einem Strafmaß von Zigaretten angekommen, die ich ihm auch nicht geben konnte, da ich selbst nicht rauchte.

Er stieg dann wieder in seinen Dacia-Polizeiwagen ein und verschwand fluchend.

Nach einer Reifenpanne (Rache des rumänischen Polizisten?) kurz nach der bulgarischen Grenze erreichten wir gegen 16 Uhr Veliko Tirnovo.

Bei der Suche nach einem eingezeichneten Campingplatz fragte ich einen älteren Mann auf einem Eselskarren, der uns entgegen kam, wie weit der Campingplatz noch entfernt wäre. Dazu malte ich auf unsere verstaubte Windschutzscheibe „ Camping 5 km?" Der Mann auf dem Eselskarren schüttelte verneinend den Kopf und schrieb dann  „ 4.3 km" auf die Scheibe!

Seine Angabe passte, der Campingplatz war jedoch wohl schon seit Jahren außer Betrieb.

Wir stellten unseren Wohnanhänger auf einem schönen Campingplatz am Ortsrand von Veliko Tirnovo mit Aussicht auf Berge und den mittelalterlichen Ort ab.
Jeder Platz war von einer schönen Hecke umrandet, das Wetter war herrlich.

Der 31. Juli führte uns zum wunderschönen Prebroshenski-Kloster und zur mittelalterlichen Burg Veliko Tirnovos.
Veliko Tarnovo war die Hauptstadt des Zweiten Bulgarischen Reiches. Die Stadt ist ein kulturelles Zentrum mit Hochschulen, Theater, Gemäldegalerie und Museen. In der Umgebung der Stadt befinden sich zahlreiche mittelalterliche Klosteranlagen, die wieder aufgebaut wurden. Sehenswert sind die Klöster Preobraschenie (Verklärung des Herrn), Kilifarewo, Sweta Troica

(Heilige Dreifaltigkeit) sowie die Klöster und Kirchen im Dorf Abanasi.

Im Kloster gab es selbst-gepressten Tomatensaft, außerhalb der Burganlage fanden wir ein sehr schönes Restaurant, in dem wir geschmackvoll speisten. Die Wohnhäuser der mittelalterlichen Altstadt mit ihren schmalen Gassen und dem Sarafkina-Haus (Haus des Geldwechslers) waren sehenswert, nach einem längeren Rundgang durch die schöne Altstadt beendeten wir diesen erlebnisreichen Tag.

Am 1. August ging unsere Weiterreise über Sumen und Varna weiter in Richtung Sozopol. Nach etwa 400 Kilometern erreichten wir das Schwarze Meer und den Campingplatz „Perla" mit einem Stellplatz direkt am Strand.

Sozopol liegt auf mehreren kleinen felsigen Halbinseln an der Südseite der Bucht von Burgas. Die Stadt geht aus der griechischen Kolonie Apollonia hervor und ist eine der ältesten Städte Bulgariens. Von der Antike bis zum 17. Jahrhundert war Sozopol eine florierende Winzer- und Fischerstadt, hier wurde Getreide aus Thrakien entladen. Bis in das erste Viertel des 20. Jahrhunderts hatte Sozopol eine überwiegend griechische Bevölkerung.

Hier war das Ziel unserer Reise nach über 3000 Kilometern erreicht.

Der Strand am Schwarzen Meer war einfach genial, weißer Sand, blaues (und nicht schwarzes) Meer und ein schöner Wellengang entschädigten für eine lange Anreise.

Auf dem Weg nach Sozopol war ein Kerzenstecker unseres Wartburg defekt, nach probieren, säubern, drehen (alles unprofessionelle Versuche!) ging's plötzlich wieder, nur nicht wieder irgendetwas anfassen - weiter fahren!

Am wunderschönen Abend erkundeten wir in einem langen Strandspaziergang das Ziel unserer Träume — das Schwarze Meer!

Vom 2. bis zum 11. August war Strandurlaub angesagt — nur unterbrochen von einer Fahrt nach Burgas zum Reparieren des Ersatzrades und dem Auffüllen der Propangasflasche.

Ausnahme: eine Besichtigung der schönen Altstadt von Nessebar.

Nessebar an der Nordseite der Bucht von Burgas ist schon allein eine Reise wert! Der Ort ging aus einer thrakischen Siedlung hervor und wurde im frühen 5. Jahrhundert v. Chr. von Griechen besiedelt. Mit ihren bedeutenden Bauwerken und der einmaligen Lage ist Nessebar ein Freilichtmuseum und ein Denkmal der Städtebaukunst. Die Stadt gehört mittlerweile zum UNESCO-Weltkultur- und Naturerbe.

Bei einer Strandwanderung stand plötzlich ein bulgarischer Soldat mit umgehängter Kalaschnikow-Maschinenpistole vor uns und „bat" uns zur Umkehr: wir befanden uns zu nahe an der Grenze zu Griechenland!

Wir vergnügten uns mit Krabben sammeln und unternahmen noch einen Kurztripp nach Primorskie bei unheimlich hohen Wellen sowie eine Bootsfahrt auf dem Ropotamo-Fluss.

Das Gebiet des Ropotamo-Flusses umfasst Sümpfe, Inseln, Kliffs, Sandstrände, Buchten, Wälder und Weiden. Hier wachsen mehr als 500 verschiedene Pflanzenarten, hier leben Schildkröten, Pelikane, Eisvögel, Störche, Kormorane, Rehe, Reptilien sowie Wildschweine und Schakale. Das Gebiet ist ein Biosphärenreservat.

Ein Bär wurde mit einem Ring durch die Nase auf den Hinterbeinen mit Musik herumgeführt, wir drehten ab!

Der 12. August, der Tag der Rückreise, begann sehr früh — es war der Tag der Rück- bzw. Weitergabe des Campinganhänger „Klappfix" an den nächsten Urlauber meines Arbeitgebers.

Die Übergabe erfolgte auf dem Campingplatz „Kavazite" bei Sozopol, mein Nachfolger der Miete des „Klappfix" war kein geringerer als der Direktor des Instituts.

Übrigens: Die Miete für die gesamte Nutzungszeit des Campinganhängers betrug 77 Ostmark!

Wir hatten, nun ohne feste Übernachtungsmöglichkeiten, eine lange Rückreise vor uns!

Über Russe, noch in Bulgarien, durchquerten wir auf insgesamt
900 Kilometern Bulgarien und Rumänien und erreichten am
Abend das rumänische Cluj, wo wir wegen mangelnder Übernachtungsmöglichkeiten die Nacht im Auto verbringen mussten,
an Schlaf war da wenig zu denken. Eventuelle
Übernachtungen in Hotels (die es aber häufig auch nicht gab)
scheiterten auch an den knappen „Devisen".

Am nächsten Morgen, dem 13. August (das war der Tag des
Mauerbaus im Jahr 1961!) starteten wir kurz nach 6 Uhr früh
über Oradea in Richtung
Ungarn mit dem Ziel Budapest, welches wir gegen Mittag erreichten. Auf dem Weg dahin hatten wir noch unseren Sonnen-
schirm für 450 ungarische Forint (etwa 90 Ostmark) verhökert,
die wir in Budapest in den vielen Hauseingängen, die zu kleinen
privaten Geschäften mutierten, in Textilien ummünzten, die es in
der DDR nicht gab!

Nach einem schönen und leider letzten Nachmittag badeten wir
noch ausgiebig im wunderschönen und erholsamen Romaifürdo-
Bad, von wo aus wir gegen 15 Uhr über das ungarische Gyor und
Bratislava sowie Brno (nun in der Tschechoslowakei) bis etwa
100 Kilometer vor Prag nach zirka 750 Kilometern Fahrt spät
ankamen. Wiederum mangels finanzieller Mittel (daran hatte die
Industrie- und Handelsbank der DDR wohl nicht gedacht!)
schliefen wir wieder nur einige Stunden im Auto.

Der 14. August begann bereits früh um 5 Uhr und führte uns über
Prag und Teplice, wo wir mit unseren noch verbliebenen tschechischen Kronen „ausgiebig" frühstückten, über den Grenzübergang Zinnwald in Richtung Berlin fuhren, das wir gegen 13 Uhr

erreichten. Wie man sieht — Reisen im Ostblock konnte schön sein, aber auch sehr anstrengend!

In diesem Urlaub fuhren wir insgesamt 5.682 Kilometer, tankten für insgesamt 650 Ostmark (umgerechnet aus Kronen, Forint, Lei und Lewa) Kraftstoff und gaben die uns für die Reise zur Verfügung gestellten Währungen bis auf den letzten Heller aus.

Für (eventuelle) „Nachahmer" der Reiseroute, hier nochmals die einzelnen Entfernungen der Hinreise, Rückreise entsprechend:

| | | |
|---|---|---|
| - | Berlin — Zinnwald | 250 km |
| - | Zinnwald — Prag | 100 km |
| - | Prag — Jihlava | 140 km |
| - | Jihlava — Brno | 80 km |
| - | Brno — Breclav | 60 km |
| - | Breclav — Bratislava | 70 km |
| - | Bratislava — Budapest | 170 km |
| - | Budapest — Oradea | 243 km |
| - | Oradea — Cluj | 152 km |
| - | Cluj — Sibiu | 170 km |
| - | Sibiu — Pitesti | 160 km |
| - | Pitesti — Bukarest | 90 km |
| - | Bukarest — Ruse | 110 km |
| . | Ruse — Veliko Tarnovo | 106 km |

-     Vel. Tarnovo — Kazanlak     95 km
-     Kazanlak — Sliven     90 km
-     Sliven— Burgas     110 km
-     Burgas — Camping „Perla"     50 km

# Drei Wochen durch die Tschechoslowakei und Polen   und zurück

## Reise vom 9. Juli bis zum 30. Juli 1977

Unser Sommerurlaub im Jahr 1977 begann am 9. Juli.

Unser diesjähriges Gespann bestand aus einem „Wartburg-
Tourist" und dem Campinganhänger „Camptourist CT 5".
Der CT 5 wurde an die Anhängerkupplung vom Wartburg ge-
hängt, zum Aufbauen wurde der Deckel herunter geklappt - das
ergab damit den Boden des CT 5. Mit dem Herunterklappen zog
sich „automatisch" das Zeltdach über den Anhänger, wodurch
sich Schlafmöglichkeiten auf einer ausgeklappten
Bodenplatte und — erhöht — auf dem CT 5 ergaben. Eine Koch-
gelegenheit konnte unterhalb eines Torzelts ausgeklappt werden.
Der Auf- und Abbau dauerte weniger als 10 Minuten.

Gegen 8 Uhr ging's los, wir fuhren über Senftenberg, Hoyers-
werda und Bautzen nach Seifhennersdorf, wo wir gegen 12 Uhr
die Grenze zur Tschechoslowakei erreichten.
Die Grenzer waren gnädig und ließen uns ohne nennenswerten
Aufenthalt in's Nachbarland. Über Liberec, Jicin und Hradec
Kralove kamen wir um 16 Uhr in unserem Tagesziel Litomysl an,
da hatten wir in etwa 400 Kilometer hinter uns.
Auf dem „Autokempink PRIMATOR" fanden wir einen sehr
schönen Platz für unser Urlaubsgespann, ohne Probleme ließ sich
der „Klappfix" genannte Camptourist aufbauen.
Litomyšl wurde erstmals um das Jahr 981 erwähnt. Ende des
11. Jahrhunderts gründete Herzog Břetislav II. unterhalb einer
Burg ein
Benediktinerkloster, Prämonstratenser kamen aus der Gegend um
Aachen, diese waren in der Rodung erfahren.

Am Abend machten wir einen Spaziergang durch den Ort, zum
Einschlafen gab's noch ein „Pilsner Urquell" und einen
„Becherovka" — AHOI!

Am 10. Juli folgte nach dem Frühstück im Vorzelt des
„Klappfix" ein Rundgang durch die sehr schöne Altstadt von
Litomysl. 1965 wurde das historische
Zentrum zum städtischen Denkmalreservat erklärt, das dortige
Schloss gehört zum UNESCO-Welterbe. Mittelpunkt der Stadt ist
der typische langgestreckte Marktplatz, der von Bürgerhäusern
im Renaissance- und Barockstil umgeben ist. Die Pfarrkirche der
Heiligen Kreuzerhöhung, die Konventgebäude und die
Piaristenkirche waren zwar renovierungsbedürftig, aber immer
noch malerisch. Im Theater des Renaissance-Schlosses aus dem
18. Jahrhundert nahmen wir an einem Mozart-Konzert des einheimischen Streichquartetts teil. Die Musik war wunderschön,
die Musiker liessen erkennen, dass man in der
Tschechoslowakei durch Musik nicht reich werden konnte.
Wir machten noch einen langen Waldspaziergang, als es anfing
zu regnen, gingen wir ins Camping-Büfett und genossen ein leckeres Abendbrot.
Am Morgen des 11. Juli hatten wir einen „Platten" — ein Reifen
hatte keine Luft mehr, schnell war dieser ausgewechselt. Wir
klappten den „Klappfix" (deshalb hieß dieser so!) zusammen und
fuhren zuerst nach Olomouc. Im 12. Jahrhundert waren Olomouc
und Olmuc die ersten überlieferten Namensformen. Im 15. Jahrhundert wurde eine angebliche erste Form

„Juliomontium" vermutet, nach Julius Caesar als angeblichem Gründer.

Im Tschechischen bedeutet Olomouc „kahler Berg" — ob dieser Berg Caesar bewegt haben mag, dort eine Stadt zu gründen, konnten wir uns kaum vorstellen.

Das historische Stadtzentrum wurde 1971 ein Denkmalreservat. Neben den schönen Bürgerhäusern sind die Hausfassaden und historischen Portale besonders sehenswerte Objekte. Am Oberring der Altstadt befinden sich die Dreifaltigkeitssäule, eine 35 Meter hohe Pestsäule aus dem Barock mit einer Kapelle sowie das Rathaus mit der astronomischen Uhr aus dem 14. Jahrhundert, der Rathausturm ist bemerkenswerte 78 Meter hoch. Seit dem 17. Jahrhundert wurde die Stadt als „Festung Olmütz" bezeichnet, die dortigen Verteidigungsanlagen dienten damals der Befestigung der österreichisch-preußischen Grenze. Angefüllt mit Kultur und Geschichte fuhren wir weiter nach Roznov pos Radhostem, wo wir in einem herrlichen Schwimmbad für einige Stunden haltmachten. Anschliessend besichtigten wir die in der Nähe liegende „Daemenova-Höhle", die uns nicht vom Stuhl riss. Nach kleinen Hindernissen fanden wir den dortigen Campingplatz. Dieser lag direkt an einem Hang, unser „Klappfix" wurde in „Schräglage" aufgebaut. Nach einem abendlichen Rundgang um den Campingplatz schliefen wir schnell ein.

Am Morgen des 12. Juli führte uns unser Weg über Poprad zum
Stausee „Palcmanska Masa" in Dedinky im Slovensky raj — dem
„Slowakischen Paradies"!
Das Slowakische Paradies liegt im nordöstlichen Teil der West-
karpaten. Der  Nationalpark umfasst mehr als 200 Quadratkilo-
meter und ist geprägt durch zahlreiche Schluchten und Wasserfälle, in denen  spektakuläre Wanderwege (u. a. mit freistehenden
Leitern) an senkrechten Felswänden angelegt wurden. Auch zahlreiche Höhlen sind hier zu finden, z. B. die Dobšinská ľadová
jaskyňa, die „Dobschauer Eishöhle".
Der Campingplatz direkt Stausee war einfach fantastisch,
bei herrlichem Wetter wurde bis spät am Abend gebadet und gesonnt.
Der 13. Juli wurde zum Highlight für die ganze Familie!
Unsere Wanderung begann gegen halb neun und führte zuerst
zum Geravy-Plateau. Das Wetter war herrlich, bei ungünstiger
Witterung wie zum Beispiel Nebel kann die Orientierung hier
kompliziert werden. Wir hatten eine grandiose Aussicht über die
herrliche Landschaft!
Wir wanderten in das Tal eines Baches, welcher durch die Tal-
schlucht Zejmarska Roklina fließt. Hier wurde es zunehmend
enger, der Weg führte direkt an der Felswand entlang, an der Ket-
ten zum Festhalten angebracht waren. Zum Vorwärtskommen
waren Eisenstäbe in den Fels eingebracht, auf denen man von
Stab zu Stab weiter kommen konnte.
Drei Meter unter uns brodelte das Wasser!
Wir kamen zu den Nalepku-Wasserfällen, benannt nach einem
PartisanenKommandanten, die Kinder badeten im Bachbett un-

terhalb der Wasserfälle. Mit einem Sessellift ging's zurück zum Ausgangspunkt. Am Stausee angekommen, badeten und sonnten wir uns bis zur untergehenden Sonne, eine Flasche Wein und wir schliefen den Schlaf der Gerechten.

Vormittags am 14. Juli ging es bei mäßigem Wetter gegen neun Uhr nach Spisska Nova Ves im Südosten der Hohen Tatra. Wir wechselten unseren platten Reifen und fuhren nach einem Mittagessen in einem Restaurant am Marktplatz und dem Kauf einer alten Petroleumlampe nach Levoca.
Levoca wurde in einer Urkunde des Königs Béla IV. im Jahr 1249 schriftlich erwähnt. Mit der fortsetzenden deutschen Besiedlung wurde Levoca zur bedeutendsten Stadt der Gespannschaft Zips und 1271 zur Hauptstadt der Provinz der Zipser Sachsen erklärt.
Levoca hat noch eine vollständig erhaltene historische Innenstadt. Die bekanntesten Baudenkmäler befinden sich am Marktplatz mit dem Rathaus, dem Pranger, dem Thurzo-Haus und der St. Jakobskirche. Die St. Jakobskirche besitzt den mit 18,62 Metern weltweit höchsten gotischen Altar. Gefertigt wurde der Altar von Paul von Leutschau, einem Zeitgenossen von Tilman Riemenschneider und Veit Stoß. Levoca ist auch ein bekannter Wallfahrtsort — wir waren überwältigt!
Zurück nach Spisska Nova Ves bestaunten wir den Marktplatz mit Geschäften und Jahrmarkt — die Gespensterbahn hatte ihren Namen verdient — ihr Zustand war gespenstig!
Zurück am Campingplatz brauchten wir nicht lange, um in den Tiefschlaf zu fallen.

Am 15. Juli verließen wir den Stausee-Campingplatz und fuhren
nach Betliar im südöstlichen Teil des Slowakischen Erzgebirges.
Der Ort ist für sein Schloss bekannt. Es wurde am Anfang 18.
Jahrhunderts auf den Fundamenten eines älteren Renaissance-
Schlosses aufgebaut.
Bereits 1578 wurde Peter I. Andrássy Kastellan der Burg, womit
die fast 370-jährige Anwesenheit der Andrássy in der Landschaft
Gemer begann.
Im Inneren des Schlosses konnten wir wertvolles Mobiliar in
Stilen von der Renaissance bis zum Jugendstil besichtigen. Histo-
rische Waffen, Jagdtrophäen, Gemälde sowie Keramik-, Glaswa-
ren- und Uhrensammlungen sind sehenswert. Die Bibliothek um-
fasst etwa 20.000 Bände. An die Reisen des Grafen Manó
Andrássy erinnern Sammelstücke aus Afrika und Asien.

Anschließend ging's weiter zur Domica-Tropfsteinhöhle nahe der
ungarischen Grenze. Wir durchquerten die beeindruckende Höh-
lenlandschaft, in der verschiedene Funde aus der Altsteinzeit und
der Jungsteinzeit gemacht wurden. Die jungsteinzeitlichen Funde
gehören zur Bükk-Kultur, einem Teil der Linearbandkeramik.
Bei nicht berauschendem Wetter unternahmen wir zurück am
Stausee-Camping noch einen Spaziergang und sammelten Holz
für ein abendliches Lagerfeuer.

Am 16. Juli — das „Kaiserwetter" war zurückgekommen — fuh-
ren wir früh zum Touristikzentrum Podlesok.
Podlesok ist wohl eines der bekanntesten Ausgangsziele für
Wanderungen im Nordwesten des „Slowakischen Paradieses".

Wanderwege führen von Podlesok zur Schlucht Sucha Bela, welche die Massive Vtaci hrb und Rumanova von einander trennt.
Der Weg führt entlang eines Baches, der in Podlesok mündet und von einer hohen Dichte an Wasserfällen und freistehenden Leitern und Steigklammern geprägt ist. Wir stiegen und kletterten an Felswänden, überquerten Wasserfälle — es war grossartig!
Zurück am Campingplatz waren wir „fix und fertig" — schnell waren wir im Tiefschlaf.


Am 17. Juli fuhren wir nach dem Frühstück zum Touristenzentrum Cingoy in der Nähe von Spisska Nova Ves.
Cingov ist das älteste Touristikzentrum in der Region Slovensky raj. Die Stadt liegt im Talbecken des Hornasd-Flusses zwischen dem Berg Cingoy und den Ausläufern des Bergkammes Ludmanka. Wir machten von dort eine lange Wanderung am Durchbruch des Flusses Hornad, die sehr schön, aber auch sehr anstrengend war.
Mit Muskelkater ging es zurück zum Campingplatz, dort genossen wir den letzten Abend im Hotel am Stausee bei geschmackvollem Essen und leckerem Glas Wein.


Am 18. Juli packten wir unsere Sachen im „Klappfix CT 5" zusammen und fuhren gegen halb zehn nach Poprad. Die Stadt liegt am Fuße der Hohen Tatra und zählte bereits mehrmals zu den Bewerbern für die Veranstaltung der Olympischen Winterspiele. Wir schlenderten durch die Fußgängerzone, bestaunten eine evangelische Kirche sowie die Altstädte-Gemeinden Veľká und

Spišská Sobota und vor allem das Panorama, welches die Hohe Tatra gleich hinter der Stadt bietet.

Nach einigen Einkäufen fuhren wir weiter zu unserem Tagesziel Tatranska Lomnica und zum dortigen EUROCAMP FICC.

Wir suchten uns einen schönen und freien Platz aus und duschten uns ausgiebig unsere Kletterstrapazen ab.

Am Nachmittag machten wir noch eine Stadtbesichtigung in Kežmarok am Fuße der Hohen Tetra.

Kežmarok wurde im 13. Jahrhundert von den Zipser Sachsen durch Zusammenschluss eines slowakischen Fischerdorfs, einer ungarischen Grenzwache und einer deutschen Siedlung gegründet. In der Stadt gab es einiges zum Bestaunen: eine spätgotische Burg, die Stadtbefestigung aus dem 15. Jahrhundert, die Heiligkreuzkirche, eine gotische Hallenkirche aus dem 15. Jahrhundert, das gleichaltrige klassizistische Rathaus, ein ehemaliges Lyzeum und ein Gymnasium. Die Artikularkirche, eine evangelische Holzkirche mit Grundriss eines griechischen Kreuzes, wurde in die UNESCO-Welterbeliste aufgenommen.

Am Abend gingen wir in die „Räuberbaude" auf dem EUROCAMP und tauschten bei einem ungarischen Wein (nur die Eltern, die Töchter tranken „Kola"!) unsere Erlebnisse aus.


Am 19. Juli hatten wir uns für unsere Reise einen weiteren Höhepunkt vorgenommen: Tatranska Lomnica!

Der Ort ist das touristische Zentrum der slowakischen Hohen Tatra.

Von dort aus führt eine Seilbahn zum Skalnaté pleso (Steinbachsee) auf eine Höhe von 1.750 Metern, dort steht das Tatra-

Observatorium. Eine weitere Seilbahn führt zur Lomnický štít (Lomnitzer Spitze) in 2.632 Metern sowie ein Sessellift zum Lomnický hrebeň (Lomnitzer Sattel) in 2.200 Metern Höhe.

Wir kamen gegen 10 Uhr dort an und standen bis 14 Uhr in einer langen Schlange am Lift an.

Endlich - es ging hoch zum Steinbachsee (Skalnate Pleso): Die Aussicht war für einen Flachland-Berliner umwerfend!

Der herrliche Sonnenschein war nur kurz, schlagartig änderte sich das bisher schöne Wetter zu strömendem Regen, wieder mussten wir uns in die lange Schlange zur Rückfahrt einreihen.

Es wurde noch schlimmer: Wegen des aufziehenden Sturmes durfte nur noch der straßenbahngrosse Lift fahren, und, weil es der Einzige auf dem Berg war: nur für Frauen mit Kindern!

Also fuhren Frau und Töchter abwärts zurück zur Basisstation.

Da nicht ab zu sehen war, ob noch ein Lift trotz des Sturms nach oben kommen würde, blieb nur der Abstieg zu Fuß: den Berg runterlaufen!

Das waren immerhin zirka 1.700 Meter, der Abgang war jedoch nicht so steil, es klappte! Ich war auch nicht allein unterwegs, die Einheimischen oder erfahrene Bergwanderer (das war ich garantiert nicht!) zeigten, wie's runter geht — so kam man nach einiger Zeit unten an - keinem war etwas passiert!

Auf dem Auto-Parkplatz, auf dem wir angekommen waren, stand die Familie und wartete - ein Handy gab's zur Kommunikation damals noch lange nicht.

Zurück im EUROCAMP beendeten wir die „Rettung" und den unvergesslichen Tag in der Hohen Tatra in der „Räuberbaude" am Lagerfeuer.

Am 20. Juli verließen wir gegen 10 Uhr die wunderschöne Gebirgslandschaft in Richtung Polen.
Über Zdiar erreichten wir die Grenze, da gab der „Wartburg-Tourist" seinen Geist auf!
Wir standen bereits in der Warteschlange, die abwärts nach Polen führte, ein Ausscheren war unmöglich.
Also: Kühlerhaube hoch und Fehler suchen, wenn's in der Abfahrt weiterging, dem Fahrzeug vor uns nachrollen, wenn Stillstand: Fehlersuche fortführen.
Es stelle sich heraus, dass der „Schwimmer" einen kleinen Riss hatte und ständig „absoff". Ein anderer Fahrer in der Schlange meinte, mit Nagellack könnte man das Leck schließen, wir hatten keinen Nagellack.
Es ging noch mehrere Male Stück für Stück abwärts rollend weiter, bis jemand kam, dessen Frau Nagellack gefunden hatte. Der Schwimmer wurde eingepinselt, der Lack pustend getrocknet, mit viel Hilfe eingebaut: Der Wagen lief wieder!

Gegen 17 Uhr kamen wir in Krakow an und fanden einen schönen Stellplatz auf einem Campingplatz etwas außerhalb des Stadtzentrums.
Kurz ging's noch in die Altstadt mit Besichtigung der berühmten Tuchhalle und der Stadtmauer, dann fielen wir in die Betten.

Bei schlechtem Wetter fuhren wir am Vormittag des 21. Juli in das 700 Jahre alte Salzbergwerk in Wieliczka.

Um das Jahr 1125 wird Wieliczka erstmals als „Magnum Sal" (Großes Salz) in einer päpstlichen Urkunde erwähnt. Um das Jahr 1290 erhielt die Stadt das fränkische Stadtrecht durch Herzog Przemysl von Krakau und Sandomir verliehen und war damit königliche Bergstadt. Das Salzhandels-Privileg beinhaltete den direkten Einkauf auf der Saline und den Verkauf auf den Märkten in Krakau, die Stadt und ihre Bürger wurden reich!

In 130 Meter Tiefe durchquerten wir in insgesamt 3 Kilometern die Salzstollen, die riesige Salzkathedrale und viele kleinere Kapellen, die die schweren Arbeiten unter Tage nachvollziehbar machten.

Voller Eindrücke und Erfahrungen fuhren wir am Nachmittag zurück zum Campingplatz nach Krakow, nach kurzen Einkäufen gingen wir früh schlafen.

Am 22. Juli war Stadtbesichtigung angesagt: Krakow!

Die Stadt hat eine lange Geschichte: Der Wawelhügel, auf dem das Königsschloss und die Kathedrale stehen, wurde bereits seit 20.000 Jahren dauerhaft besiedelt. In der Nähe von Krakau bauten die Menschen bereits in prähistorischen Zeiten Salz ab und handelten damit.

Die Sehenswürdigkeiten dieser fantastischen Stadt kann man kaum aufzählen: der Wawel mit der königlichen Burg, das Königsschloss im Stil der Renaissance, die Kathedrale, der Hauptmarkt als grösster mittelalterliche Bau der Stadt, die Tuchhallen sowie der Rathausturm, über 100 Kirchen und

Klöster, darunter am Marktplatz die Marienkirche und die Barbarakirche, das ehemalige jüdische Viertel Kazimierz — wir kamen aus dem Staunen nicht hinaus !
In den Tuchhallen kauften wir polnische Souvenirs, an der Stadtmauer kleine Skulpturen aus Gips in schönem Holzrahmen.
Am Nachmittag fuhren wir noch nach Myslenice, einer Kleinstadt etwa 25 Kilometer von Krakau entfernt. Hier sollte ein schöner Markt sein — war er aber nicht!
Der rechteckige Marktplatz aus dem 15. Jahrhundert war sehenswert, das Warenangebot entsprach jedoch eher dem der DDR.
Also zurück zum Campingplatz, in der dortigen Gartenschänke gab's noch ein kleines Abendbrot, dann war der Nachtschlaf nicht mehr weit.

Am 23. Juli bauten wir nach dem Frühstück unseren „Klappfix" zusammen und fuhren um neun Uhr über Warschau nach Gdansk-Sobieczewo, wo wir gegen 19 Uhr ankamen.
Unseren geplanten Weg mit Einbeziehung einer dortigen Autofähre wollten wir wegen langer Warteschlange vor der Fähre nicht abwarten, auf einem Umweg kamen wir endlich bei Sonnenuntergang auf dem Camping Sobieszewo an.
Der Stellplatz für unser „Gespann" war nicht besonders — das Wetter mittlerweile auch nicht mehr.
Wir liefen noch über die Dünen zur Ostsee, der Anblick war natürlich sehr schön!

Der 24. Juli begann und endete mit Dauerregen. Nach langem Ausschlafen und leckerem Frühstück fuhren wir in's verregnete Gdynia zum dortigen Meeresaquarium — das war natürlich sehr interessant — die Töchter waren begeistert.
Gegen 15 Uhr fuhren wir mit einem Tragflächenboot zur Halbinsel Hel.
Die Halbinsel, die etwa 20 Kilometer nördlich von Danzig liegt, trennt die Danziger Bucht teilweise von der Ostsee und bildet dabei die Putziger Wiek. Die Landzunge ist zwischen 200 Metern und drei Kilometern breit und wird meerwärts vor der Brandung durch drei bis zu 25 Meter hohe Dünenreihen geschützt. In einer „Hafenbar" gab's leckeren Tee, der passte zum strömenden Regen draußen.

Am späten Nachmittag fuhren wir mit dem Tragflächenboot zurück nach Gdynia und besichtigten in Olivia den dortigen Dom. Der Dom ist eine dreischiffige Basilika mit Querschiff und mehreckigem Chor mit Chorumgang.Über dem Eingangsportal waren etliche Holz-Figuren angebracht, die über Seilzüge vom Altar aus — unsichtbar für die Gemeinde — animiert werden konnten. Wenn also der Priester die mittelalterliche Gemeinde zur Einhaltung christlicher Tugenden aufrief, konnte dieser durch nicht erkennbares Manipulieren an den Seilen Verängstigung in der Gemeinde erzeugen - das gab's schon im Mittelalter!
Zurück auf dem Campingplatz schliefen wir schnell ein.

Bei wiederum schlechtem Wetter fuhren wir in die Danziger Altstadt — diese Idee hatten die Mehrzahl der Touristen - hauptsächlich aus der DDR  - auch.

Es war unglaublich, die Stadt kochte!

Die wunderschön restaurierte Altstadt, das Krantor, Zeughaus, Marienkirche, Langer Markt — alles war nach der Zerstörung der Stadt im zweiten Weltkrieg originalgetreu wieder aufgebaut worden! Vieles konnten wir wegen der Massen an Touristen nicht genießen - wir fuhren zurück zum Camping und rundeten den Nachmittag mit einer Wanderung am Strand der Ostsee ab und - unglaublich - sammelten noch etliche Bernsteine!

Der 26. Juli begann wieder mit miesem Wetter! Wir entschieden uns zum Pilzesammeln am Rand des Wald-Campings. Die Freude war nach kurzem Suchen groß — wir fanden einen Riesen-Wiesen-Champignon — aber nur einen! Und danach keinen einzigen Pilz mehr! Am Nachmittag machten wir noch einen Strandspaziergang  zum Ort  Sobiezsewo, einem Stadtteil am Stadtrand von Danzig und dann zurück zum Campingplatz, das Wetter war mittlerweile gütig. Wir badeten noch in der schönen Ostsee, lasen noch im „Klappfix" und genossen den Ostsee-Schlaf.

Endlich kam das Super-Wetter!

Am 27. Juli wurde Baden — Sonnen — Schwimmen — „Stranden" nachgeholt, und das speziell von den Töchtern ohne Unterbrechung — der Sommer hatte Danzig erreicht.

Am 28. Juli, dem letzten Tag unserer Urlaubsreise, hatten wir wieder herrliches Wetter.

Wir verbrachten den Vormittag am Ostseestrand, mir ging jedoch nicht aus dem Kopf: In Danzig hatte ich in einem Schallplatten-geschäft eine „Jimi-Hendrix"-LP gesehen, als ich dort ankam, war diese jedoch bereits verkauft.

Zurück am Camping falteten wir unseren „Klappfix" zusammen und begannen unsere Heimfahrt nach Berlin.

Nachts gegen 1 Uhr - ohne Kontrolle an der polnisch- DDR-deutschen Grenze - kamen wir in Berlin-Köpenick an - da hatten wir zirka 3.000 Kilometer

zurückgelegt!

# Zwei Wochen in der Tschechoslowakei und in Ungarn

## Reise vom 8. Juli bis zum 25. Juli 1978

Die Vorbereitungen unserer geplanten Reise mit dem Ziel „Plattensee Ungarn" erhielten kurz vor Abreise einen Dämpfer:

Die geplante Ausleihe eines „Klappfix"-Campinganhängers wurde storniert, sodass wir uns kurzfristig auf zwei Zelte einstellen mussten. Das war natürlich für unseren Pkw Wartburg „Tourist" eine Herausforderung, da nun weit mehr Gepäck (Zelte, Luftmatratzen, Schlafsäcke, Kleinküche, etc. etc.) transportiert werden mussten.

Es gab jedoch keine Alternative, sodass wir am 8. Juli schon sehr früh (um 4.30 Uhr!) in den Sommerurlaub starteten.

Etwa um 8 Uhr erreichten wir den Grenzübergang in Zinnwald. Die Idee einer frühen Anreise hatten jedoch viele DDR-Touristen, so daß wir erst nach knapp 2 Stunden „abgefertigt" wurden.

Da unser Ziel Ungarn war, führte unsere Route schnell durch Melnik, Prag und Brno bis nach Breclav, welches wir gegen 16 Uhr erreichten. Der „Automotorklub Breclav" bot einen schönen Campingplatz, unsere Zelte waren schnell aufgebaut. Am Nachmittag machten wir noch einen längeren Spaziergang durch Breclav.

Die Gegend um Breclav wurde bereits um 8.000–6.000 v. Chr. besiedelt. In der Bronzezeit (ca. 2.000 v. Chr.) wurde hier Landwirtschaft und Viehzucht betrieben. Um 400 v. Chr. kamen die Kelten. Im November 1805 nahmen französische Truppen Breclav vor der Schlacht bei Austerlitz ein. Die Stadt blieb bis zum 3. Januar 1806 von den französischen Truppen besetzt.

Wir besichtigten das Schloss aus dem 16. Jahrhundert, die Wenzelskirche, ein Gefallenendenkmal für die Opfer des Ersten

Weltkriegs, eine Synagoge und den Jüdischen Friedhof. Zurück am „Automotorclub" waren wir nach der frühen und langen Reise schnell in den Schlafsäcken verschwunden.

Früh am 9. Juli packten wir, gemeinsam mit den 8- und 10- jährigen Töchtern, problemlos unsere Zelte zusammen und fuhren über Bratislava zur ungarischen Grenze, auch hier hatten wir vor der Einreise nach Ungarn noch eine dreiviertel Stunde zu warten. Endlich in Ungarn, fuhren wir über Mosonmayarovar, Csorna und Kapuvar (dort ein ungarisches Mittagessen) nach Sopron, wo wir auf einen schönen Zeltplatz stießen, auf dem wir zwei Tage blieben.

Eine der frühesten Erwähnungen von Sopron stammt aus den Aufzeichnungen der „Geographia" des Ptolemaios. Die Gegend war bereits in der frühen Eisenzeit besiedelt, aus der sogenannten Hallstattzeit stammen die Kalenderbergurnen, die den Ort in der archäologischen Welt bekannt gemacht haben. Die Römer (wer sonst?) gründeten hier die Siedlung „Scarbantia", einem Handelsplatz an der Bernsteinstraße. Anstelle der römischen Befestigung wurden im Mittelalter die Stadtmauern erbaut. Der heutige Marktplatz war das ehemalige römische Forum.
Nach einem Spaziergang auf dem weiten Zeltplatz und Umgebung krochen wir in unsere Zelte, es begann kräftig zu regnen.

Am Morgen des 10. Juli fuhren wir bei wechselhaftem Wetter nach Nagycak und besichtigten dort ein Eisenbahnmuseum mit schönen historischen Lokomotiven und Wagons. Auf unserem weiteren Weg machten wir in einem kleinen Thermalbad halt und genossen das warme Wasser bei wechselhaften Außentemperaturen. Zum Schloss der Esterhazy-Dynastie in Fertöd, dem „ungarischen Versailles", waren es nur wenige Kilometer, ein wunderschönes Schloss aus dem 18. Jahrhundert, man merkte ihm den Zahn der Zeit an.

Die naheliegenden Steinbrüche in Fertörakos waren auf alle Fälle die Anfahrt wert, hier schlugen schon die Römer die Gesteinsblöcke aus dem Berg.

Zurück in Sopron spazierten wir durch die sehenswerte Altstadt, ich erstand 2 LP's von „George Harrison" und „Fleetwood Mac", Importe aus Indien — in Ungarn auf dem Ladentisch, in der DDR „goldwert".

Ein Spaziergang durch den schönen Wald am Rande des Zeltplatzes brachte die notwendige Müdigkeit, wir schliefen schnell ein.

Der 11. Juli führte unsere Reise zuerst nach Köszeg, eine schöne Kleinstadt mit mittelalterlichem Zentrum.

Im Mittelalter war die Stadt durch die großen Türkenkriege des 16. Jahrhunderts geprägt. In dieser Zeit wurden vom Großwesir Ibrahim insgesamt 19 Sturmangriffe gegen die Stadt geführt. Unter der Führung des Stadt- und Burgkommandanten Freiherr Nikola Jurišić gelang es jedoch der kleinen Burgbesatzung, ei 80.000 Mann zählendes osmanisches Heer zurückzuschlagen.

Die abziehenden türkischen Truppen verliessen die Stadt um
11 Uhr, zum Gedenken an diese historische Tat läuten seit 1777
die Kirchenglocken von Kőszeg um 11 Uhr!

In Kőszeg gab's für die Töchter Kleidung aus  einem der vielen
Hausflure, die tagsüber zu Kleinläden mutierten und Artikel an-
boten, die es in der DDR nicht gab.
Diese „Hausflurläden" waren Privatinitiativen, die in der DDR
undenkbar waren. Das Highlight war der Kauf der „Rubber
Soul"-LP der Beatles, damit war der Urlaub schon auf der Son-
nenseite angekommen.
Weiter zum Plattensee (ab jetzt: Balaton!)  ging's zum Badeort
Balaton-Szigliget, diese Idee hatten schon viele Camper — der
Platz war dicht! Also weiter nach Balatonlelle, auch bereits gut
besucht, wir fanden jedoch noch einen schönen Platz für unsere
zwei Zelte, das Wetter war zwischenzeitlich zum Hochsommer
gewandelt.
In der Fischer-Csardas in Balatonlelle gab's ein deftiges Abendbrot, 1978 fragte man noch nicht nach Kalorien!
Der Balaton (deutsch Plattensee) ist der größte Binnensee und der
bedeutendste Steppensee Mitteleuropas. Insgesamt ist er 79 km
lang und im Mittel 7,8 km breit. Die Fläche beträgt jetzt 594 km²,
damit ist er größer als der Genfer See und der Bodensee.

Am 12. Juli sonnten und badeten wir nachhaltig.
Mittags fuhren wir mit dem Auto nach Fonyod, wo wir mit der
Fähre über den Balaton nach Badaszony, einem geruhsamen
Weinort am See, übersetzten.

Ein langer Aufstieg zu einer schönen Gaststätte bei herrlichem
Sonnenschein, inmitten der Weinberge, wieder zurück in den Ort
am See, wir kauften reichhaltig Wein, Strickjacken für die Töchter - der Tag war wie Seide!

Am 13. Juli ging's nach kurzer Fahrt zum weltbekannten Heilbad
in Heviz.
Funde römischer Münzen aus dem See beweisen, dass man auch
schon vor knapp 2.000 Jahren die heilende Wirkung des Wassers
zu schätzen wusste, germanische und slawische Stämme zur Zeit
der Völkerwanderungen nutzten den See ebenfalls.
Das bräunliche Wasser mit Unmengen an kleinen Fischen war
wohl temperiert, man hätte den ganzen Tag im See bleiben können.

Nach soviel Gesundheit fuhren wir weiter zur Höhle in Tapolca
mit unterirdischer Bootsfahrt, das Flüsschen war jedoch dem trockenen Wetter  zum Opfer gefallen — es gab keinen unterirdi-
schen Fluss und demnach keine Bootsfahrt - das war nicht lustig!
Dann eben über Nagyvaszony nach Tihany, wo wir wieder über
den Balaton mit der Fähre übersetzten und bei schlechter wer-
dendem Wetter auf dem Zeltplatz in Balatonlelle schnell ein-
schlummerten.

Bei anhaltend miesen Wetter fuhren wir am 14. Juli nach Siofok
am Balaton. Mir fiel der Nationalfeiertag der Franzosen ein, es
waren jedoch keine Franzosen da.
 Siófok wurde erstmals in einer  der Gründungsurkunde des Klosters Tihany aus dem Jahre 1055 urkundlich erwähnt. Die Türken
eroberten die Stadt 1552, erbauten eine Festung und einen Hafen.
Ende des 19. Jahrhunderts wurden der Badestrand angelegt und
das heutige Badeviertel erbaut sowie das Ufer befestigt.
Wir erkundeten Mole und Ort, badeten im See und fuhren am
frühen Abend wieder zurück nach „Lelle".

Nach einem nächtlichen Dauerregen (schön mit zwei Zelten!)
packten wir am 15. Juli morgens unsere Sachen und fuhren über
Kaposvar nach Pesz, einer nach ungarischen Verhältnissen Groß-
stadt.
Im Vorort Abaliget buchten wir einen schönen Bungalow am
Hang, so kamen unsere strapazierten Zelt mal zur Ruhe und
trockneten.

Bei einem Spaziergang durch den schönen Ort kamen wir auf ein
Kino zu, und wir trauten unseren Augen nicht: „ABBA der Film"
lief dort am Abend, dieser Film war in der DDR nicht
vorhanden! Wir kauften vier Karten - der Abend war gerettet!

Am 16. Juli ging's am Vormittag zum Thermalbad in Harkany,
wiederum hatten wir einen Volltreffer gelandet - das Bad war
sehr, sehr voll! Das Wasser war jedoch prima, es gab Bäder bis
70 Grad C, das im Bad-Restaurant angebotene Mittagessen war
glücklicherweise temperierter.
Ein Höhepunkt Ungarns war laut unserem Reiseführer die Burg
in  Siklos, der Reiseführer stammte wohl aus der Blütezeit der
Burg, da hatten wir schon Interessanteres gesehen.
Nach Rückkehr nach Pezs machten wir noch eine kleine Runde
durch die „Gemeinde",  dann ging's ab ins Häuschen.

Am 17. Juli packten wir unsere Utensilien zusammen und ließen
den Balaton hinter uns. Nach einem kurzen Einkaufsstop in Pecs
ging's über die Städte Mohar und Daja nach Szeged, welches wir
am frühen Nachmittag erreichten.

Die ältesten Anzeichen in der Gegend um Szeged stammen von
Mammutjägern aus der letzten Eiszeit um 24.000 vor Christus,
die ersten archäologischen Funde gehen auf die Jungsteinzeit ca.
5.000 vor Christus zurück. Szeged wurde (natürlich) von den
Römern gegründet und trug den Namen Partiscum. Ausgrabun-
gen lassen vermuteten, dass der Hunnenkönig Attila hier einen
Stützpunkt unterhielt.

Der „Szeged Varosi"-Campingplatz war sehr schön ausgestattet, nunmehr schon routiniert bauten wir unsere Zelte auf und genossen das wahre sommerliche Wetter. Eine kurze Stadtbesichtigung mit gefühlten 1.000 Eiskrems für die Töchter und ein kleines Abendessen in der „Camping-Csarda" rundete den schönen Tag ab.

Bei herrlichem Sommerwetter verbrachten wir bis zum frühen Nachmittag den folgenden Tag im Bad an der Theiss zum Thema „Baden-Sonnen-Baden-Sonnen" schöne Stunden. Die Besichtigung der im Fremdenführer als Höhepunkt ausgewiesene Attraktion des Botanischen Gartens erwies sich als Flop, das Sommerwetter hatte den Pflanzen nicht sonderlich gut getan, Wasser war wohl knapp geworden. Am Ufer der Theiss beendeten wir den Tag in der „Halasz-Csarda" und genossen die vorzügliche ungarische Fischsuppe mit leckerem Weisswein. Bei der Karpfen-Fischsuppe musste man höllisch aufpassen: die köstliche Suppe kam blutrot auf den Tisch, die Farbe kam von Unmengen Paprika! Ohne ausreichend Weißbrot bestand wohl „Lebensgefahr", als erfahrene Ungarn-Touristen umkurvten wir jedoch die Gefahrenzone und genossen bei untergehender Sonne einen schönen letzten Abend am Ufer der Theiss.

Der 19. Juli führte uns über den Zungenbrecherort „Hodmesövasarhely" nach Györ ins dortige „Schloss und Thermalbad", da konnte nichts schief gehen.

Im deutschsprachigen Raum wurde die Stadt durch ihren früheren
Ortsteil Hódmezővásárhelykutasipuszta (wie auch sonst?) aus
dem Roman „Ich denke oft an Piroschka" vom Schriftsteller Hu-
go Hartung bekannt, das Buch wurde auch verfilmt.
Der PR-Manager des „Schloss und Thermalbads" hatte jedoch
ganze Arbeit geleistet, zwischen Anspruch und Realität gab's
leider eine große Lücke!

Nach „thermischen Überraschungen" erkundeten wir die Altstadt
von Hodmesövasarhely, kauften noch eine Cliff Richard-LP
(wieder aus Indien!) und wurden dort von einem gewaltigen
Wolkenbruch überrascht, der uns schnell zurück zum Campingplatz führte.
Die „Camping-Csarda" servierte ein schmackhaftes Abendessen,
diesmal ohne Paprika-Fischsuppe.

Am frühen 20. Juli packten wir unsere sieben Sachen ein und
durchquerten Ungarn bis zu unserem Tagesziel, der Stadt Eger.
Eger ist eine der ältesten Städte Ungarns. In der nahen Umgebung gibt es große Weinanbaugebiete, der Rotwein „Egri
Bikaver", das „Erlauer Stierblut", ist der Hit der Winzer. In der
Stadt gibt es zahlreiche Weinstuben und traditionelle, teils unter-
irdische Weinkeller. Das Stadtbild ist geprägt vom Minarett aus
der Zeit der osmanischen Herrschaft, der mittelalterlichen Burg
und durch die Kathedrale St. Johannes und St. Michael, der nach
Esztergom zweitgrößten in Ungarn. Eger ist auch für seine Thermalquellen und das Thermalbad bekannt.

Der Campingplatz war nicht berauschend, Eger jedoch umso
mehr! Zum Abend gab's mit anderen Touristen noch eine Flasche
„Debroi Harsleveli", ich weiss nicht mehr, ob dieser rot oder
weiß war.

Die „Eger-Burg", die wir am Vormittag des 21. Juli besichtigten,
zeigte noch die Spuren der Belagerungen durch die Türken und
die zur späteren Befreiung angetretenen Habsburger.
Der Roman „Sterne von Eger" von Géza Gárdonyi beschreibt die
erste große Niederlage der Türken, als Kind war ich vom Hel-
denmut der kleinen Burgsbesatzung begeistert.
Am frühen Nachmittag fuhren wir mit unserem Wartburg „Tourist" über Miskolc nach Tokaj.
Die Stadt ist das Zentrum des ungarischen Teils des Tokajer
Weingebietes, hier wird der berühmte Tokajer angebaut. In der
Stadt gibt es viele Weinkeller, in denen Kostproben der verschiedenen Tokaj-Winzer angeboten werden. In einem Weinkeller
steckten französische Weinliebhaber zur Bezahlung eine Rolle
Forint-Papiergeld in ihre leere Flasche, als der Wirt das Geld
nehmen wollte, stießen sie das Geld in die Flasche hinein. Der
Wirt was wütend, ich nahm vom Tisch zwei Blumen, steckte diese in die Flasche, wirbelte die Blumenstiele herum und zog damit
das Geld aus der  Flasche - der Wirt war zufrieden, für mich
gab's Tokajer kostenlos! Am Abend zurück in Eger gab's in den
dortigen Katakomben noch ein schmackhaftes und scharfes
Abendessen.

Am 22. Juli packten wir unsere Zelte in den Wartburg „Tourist"
und fuhren nach Budapest, welches wir gegen Mittag erreichten.


Der Camping-Platz „Romai-Fürdö" am Rande der ungarischen
Hauptstadt ist eine „Touristen-Hochburg", wir warteten ca. eine
Stunde an der Rezeption, bis wir einen schönen Platz bekamen.
Am frühen Nachmittag ging's noch mit der Stadtbahn in's Zent-
rum von Budapest, wir badeten im luxuriösen „Gellertbad",
durchquerten die Flaniermeile „Vaci ut" und genossen bei herrlichem Sommerwetter im Restaurant „Vig-Matros" ein ungarisches
Abendessen, diesmal mit Gulasch und viel Paprika.
Budapest bot für viele DDR-ler ein Hauch des Westens!
Die Stadt mit ihren schönen alten Gründerzeit-Gebäuden, dem
Parlamentsgebäude, dem von der Donau getrennten Burghügel,
den vielen Cafés und einladenden Restaurants  und natürlich der
„freien Marktwirtschaft" in den vielen Hauseingängen mit selbst-
geschneiderten Textilien, Taschen, Andenken, Krimskrams —
wir genossen das „westliche Flair"!


Den Vormittag des 23. Juli verbrachten wir in den verschiedenen
Bädern des Romaifürdö, die Töchter kamen aus dem Wasser
kaum raus.
Am Nachmittag fuhren wir zu den Reiterspielen in Arpajpuszta,
bei riesiger Menschenmenge gab's Reiter- und Pferdekünste der
Weltklasse: rasende Wagen mit 8 Pferden vorneweg, auf Pferden
stehende Reiter im Galopp, Reiter auf/neben und unter den Pferden vorbei rauschend, wir waren begeistert.

Am Abend zurück auf dem Campingplatz ließen wir bei einer Flasche ungarischen Weins unsere Eindrücke  Revue passieren.

Am 24. Juli verbrachten wir den Vormittag in dem in der Nähe des Campingplatzes befindlichen Szechenyi-Bad, ein wunderschönes Thermalbad mit Bädern unterschiedlicher Temperaturen. Der Ungar Vilmos Zsigmondy richtete 1866 eine Eingabe an den Stadtrat von Pest, in der er seine Überzeugung zum Ausdruck brachte, dass man „in Pest mit der größten Wahrscheinlichkeit eines Erfolgs artesische Brunnen gewinnen könnte, deren Wasser nichts anderes als Thermalwasser sein kann."
1886 wurde schließlich der Vertrag über die Arbeiten im Zusammenhang mit dem artesischen Brunnen im Stadtwäldchen unterschrieben. Schließlich begannen die Bohrungen und endeten erst im Januar 1878 in einer Tiefe von 970,48 Metern.

Das Wetter war einfach genial!
Bei angenehmen Temperaturen fuhren wir zum letzten Mal nach Budapest, liefen bis zum historischen Milleniums-Platz mit den Monumenten ungarischer Könige, kauften noch ein wenig ein (Donovan-LP, Blusen…) und genossen das Abendessen im Park hinter dem Monument.

Der 25. Juli beendete unseren Sommerurlaub quer durch Ungarn. Die Zelte waren schnell verstaut, schon gegen 8 Uhr führte uns gut gebräunt die Rückfahrt über Györ zur ungarisch-tschechischen Grenze, weiter über Bratislava in Richtung West-

böhmen, wo die von uns angepeilten Campingplätze heillos über-
füllt waren.

Wir entschieden, direkt nach Berlin zurückzufahren!

Im „Grandhotel" in Jihlava gab's noch ein tschechisches Abendessen - natürlich Gulasch mit Knödeln, dann ging's über den
Grenzort Zinnwald und Dresden bis nach Berlin-Köpenick - um
halb drei in der Frühe waren wir wieder zu Hause!

Insgesamt waren wir knapp 4.000 Kilometer durch die Tschechoslowakei und Ungarn gefahren!

# Drei Wochen durch Polen und die Sowjetunion bis nach Jalta auf der Krim und zurück

Reise vom 16. August bis 8. September 1979

Ein Urlaub mit dem eigenen Auto durch drei Sowjet-Republiken war etwas ganz Neues im Vergleich zu den Reisen in das andere „sozialistische Ausland"!

Während es bei den Fahrten nach Polen, der Tschechoslowakei, Ungarn, Rumänien und Bulgarien um Reisen mit Auto und Zelt oder mit einem Campinganhänger mit selbstgestellten Zielen ging, führten die Touren durch die Sowjetunion über Routen, die vom Reisebüro der DDR mit dem sowjetischen „Intourist" festgelegt waren.

Man buchte also beim Reisebüro der DDR eine der zur Verfügung stehenden Routen und bezahlte die Reise inklusive sämtlicher Übernachtungen und Exkursionen vor Reiseantritt.

Das hört sich einfach an — war es aber nicht!

Diese Urlaubsreisen zu erschwinglichen Preisen waren heiß begehrt, die Buchung war nur an einem vorher mitgeteilten Termin möglich, sodass es vorkam, das bereits am Abend vorher lange Schlangen vor dem entsprechenden Reisebüro entstanden, die die ganze Nacht im Freien (und die Reisen wurden zu Jahresbeginn angeboten!) bis zur Öffnung des Reisebüros verbrachten. Es soll vorgekommen sein, das infolge der Kälte die Nacht mit „Hochprozentigem" gewärmt wurde und so mancher am nächsten Morgen vergessen hatte, wohin die Reise eigentlich gehen sollte.

Wenn man einer der Glücklichen war, die eine solche Urlaubsreise erstehen konnten, erhielt man als Reiseunterlagen eine 8-seitige Information des Reisebüros der DDR über die Teilnahmebedingungen für Reiseleistungen, einen Auto-Reiseatlas für die Sowjetunion (natürlich auf Russisch!) , die Reiseroute mit den jeweiligen anzufahrenden Orten sowie eine Liste über die jeweiligen Hotels.

Die „Teilnahmebedingungen für Reiseleistungen" waren so verfasst, dass man nicht an eine Urlaubsreise dachte, sondern eher an einen Arbeitsauftrag — die Pflichten des Reisebüros waren in zwei Zeilen beschrieben, die des Kunden ganzseitig!

Unsere Urlaubsreise 1979 in die Sowjetunion stand bereits zu Beginn unter keinem guten Stern.
Am Abend vor unserer Abreise hatte mich in Berlin-Köpenick beim Einparken ein Auto gerammt, die vordere Stoßstange und ein Blinklicht waren beschädigt und wurden soweit repariert, sodass wir unsere Reise antreten konnten.

Früh am 16. August um 8 Uhr ging es los. Über Cottbus kamen wir nach Polen und fuhren Richtung Wroclaw. Auf der polnischen Autobahn kam der nächste Schock: In der Nähe von Lignice mähte ein polnischer Traktor auf dem Mittelstreifen der Autobahn Gras, als wir in etwa auf dessen Höhe waren, schlugen ein Schwarm Steine in die Windschutzscheibe unseres Wartburg-„Tourist"!
Die Scheibe zerbarst und flog bis in's Hintere des Wartburg, wir mussten sofort stoppen, zum Glück war uns nichts passiert. Der Traktorfahrer fuhr uns zur Miliz voran, die den Unfall aufnahm, was jedoch nichts bewirkte: Wie wir jetzt eine neue Frontscheibe bekommen sollten, wusste niemand.

Die Polizei telefonierte, um Autowerkstätten ausfindig zu machen und nannte uns eine Wartburg-Werkstatt in Wroclaw, die wir nach langem Fragen und etlichen Hinweisen auch erreichten. Eine Windschutzscheibe für einen Wartburg war jedoch „nicht vorrätig"!

Wir boten polnische Zloty und Ostmark - die Werkstattmitarbeiter liessen sich nicht erweichen. Aus vorherigen Reisen in das „sozialistische Ausland" hatten wir die Erfahrung gemacht, dass in schwierigen Situationen Dollars oder „Westgeld" die Türen öffnen konnte.

Unsere „sozialistischen polnischen Brüder" in der Kfz-Werkstatt kamen auf  einen Preis von 30 US-Dollar, den bezahlten wir und hatten nach 40 Minuten eine intakte Frontscheibe eingebaut  Diese wurde vorher von einem in der Werkstatt befindlichen Wartburg ausgebaut.

Finanziell erleichtert ging es am Nachmittag weiter in Richtung der schönen Stadt Opole, in der wir am Stadtrand einen schönen Bungalow zur Übernachtung buchten.

In römischen Quellen siedelte hier das Volk der Lugen, welche im heutigen Oppelner Land zahlreiche Siedlungen besaßen.
Bei archäologischen Ausgraben in Chorula oder in Tarnów Opolski wurden Urnenfriedhöfe solcher Siedlungen gefunden. Ebenfalls wurden römische Münzen gefunden, die darauf hindeuteten, dass die Lugen Handel mit anderen Völkern betrieben. Hier verlief die Bernsteinstraße, welche das Mittelmeer mit der Ostsee verband.

Im Ort selbst bestaunten wir die Vielzahl katholischer Kirchen und Kapellen, die Kathedrale zum Heiligen Kreuz, liefen am

Mühlgraben, einem Nebenarm der Oder, entlang und überquerten
die Pfennigbrücke, auf der man früher eine Maut bezahlen musste. Abends im Bungalow schliefen wir schnell ein.

Der 17. August führte uns durch das schlesischen Industriegebiet
nach Krakau, welches wir gegen 11 Uhr vormittags erreichten.
Krakau an der oberen Weichsel war bis 1596 Hauptstadt des Königreichs Polen und ist Sitz der nach Prag zweitältesten Universi-
tät nördlich der Alpen. Zahlreiche Bauwerke der Gotik, der Renaissance, des Barock und späterer Epochen der Kunstgeschichte
prägen das Stadtbild. In der Altstadt dominieren die vielen historischen Kirchen.

Wir tauschten dort (schwarz!) Ostmark gegen polnische Zloty,
spazierten durch die wunderschöne Altstadt mit den weltberühm-
ten Tuchhallen und fuhren am Nachmittag über Tarnow nach
Lancut, wo wir gegen 17 Uhr ankamen und ein schönes Zimmer
im „Schloßhotel" buchten.

Lancut erhielt bereits um das Jahr 1349 das Stadtrecht nach Magdeburger Recht. Die erste Urkunde, die über den Ort Łańcut berichtet, ist eine Bulle von Papst Gregor XI. vom Januar 1378.
1502, 1523 und 1626 wurde die Stadt von den Tataren angegrif-
fen. 1629 bis 1642 wurde das Schloss errichtet. Ein

deftiges polnisches Abendbrot und ein darauffolgender Spaziergang durch den Schlosspark rundete den ersten unfallfreien Tag
unserer gerade erst begonnenen Reise ab.

Nach einem schönen Frühstück besichtigten wir am 18. August
das Schloss in Lancut.

Wir besichtigten die historischen Wohnräume aus dem 17. Jahrhundert sowie die größte Sammlung historischer Pferdekutschen

Polens. Die ehemaligen Besitzer des Schlosses, die Familie
Potocki, hatten unzählige Andenken ihrer weltweiten Reisen zu-
sammengetragen.

Zum Schlosskomplex gehören unter anderem ein Museum, der
Landschaftspark, die Orangerie sowie die Synagoge aus dem
18. Jahrhundert. Sehenswert ist auch die Kirche, die 1628 errichtet wurde sowie der Markt mit Bauwerken aus dem 17. Jahrhundert.

Außerdem gibt es drei alte Friedhöfe, den Stadtfriedhof von
1862, den jüdischen Friedhof aus dem 17. Jahrhundert und den
Friedhof der gefallenen sowjetischen Soldaten aus dem Jahr
1944.

Am Nachmittag fuhren wir über Przemysl nach Krasyzin, wo wir
für 150 Zloty einen kleinen Bungalow buchten. Am Bungalow
strömte der reißende Grenzfluss San, wir badeten und fuhren zum
Abendessen nach Przemysl.

Die Stadt hatte eine lange Vergangenheit: gegründet im Jahr 981,
1240  zerstört von Tataren, 1340 von Kasimir I. für Polen erobert,
Stadtrecht nach Magdeburger Recht 1389, 1772 nach der ersten
Teilung Polens zur Habsburger-Monarchie gehörend, zur Festung
gegen das russische Zarenreich vor dem Ersten Weltkrieg ausgebaut. Es folgten die Eroberung durch die Russen und Deutschen.
Wir durchquerten die Altstadt und bestaunten die römisch-
katholische und die griechisch-katholische Kathedrale und mehrere Klöster.

Zurück im Bungalow schliefen wir schnell ein.

Am frühen Morgen des 19. August verließen wir Polen und erreichten die polnisch-russische Grenze bei Medyka.

Die Abfertigung durch die russischen Grenzer war äußerst schleppend — es dauerte knapp 3 Stunden, bis sich der Schlagbaum vor uns öffnete: wir waren im „gelobten Land" des „real-existierenden Sozialismus" angekommen. Am Grenzübergang erhielten wir für 80 Rubel Benzinmarken für 450 Liter, das entsprach einem Literpreis von 20 Kopeken!

Lwow in der Ukraine erreichten wir nach zirka 80 Kilometern. Der erste Eindruck war ernüchternd: die von Bauwerken der Renaissance, des Barock, des Klassizismus und des Jugendstils beherrschte Altstadt wirkte verwahrlost. Nach einem kurzen Stop am zentralen Marktplatz gingen wir in ein Café, das in etwa sogenannte Getränk gab's aus einem großen Samowar mit viel Zucker und Milch,  wir hatten keine Wahl!

Weiter ging's nach Rovno, welches wir gegen 15 Uhr erreichten. Dort hatten wir unsere erste Unterkunft in der Ukraine erreicht — ein sehr schönes Hotel mit Dusche, wir aßen etwas und machten noch einen Rundgang durch die Stadt.

Rovno wurde 1283 erstmals erwähnt, gehörte im ständigen Wechsel zu Litauen und später zu Polen. 1492 erlangte Rovno Stadtrecht nach Magdeburger Recht. Der Ort wirkte, als ob sich danach nichts mehr entwickelt hatte, auch die Geschäfte sahen vernachlässigt aus. An einem in der Hauptstraße befindlichen Möbelladen schlief ein Wachposten am Nachmittag auf einem Sessel hinter der Eingangstür, die Glasfront des Geschäfts war defekt, eine Katzenfamilie machte es sich drinnen auf verschiedenen Sofas gemütlich und schärfte die Krallen!

Nach einem ausgiebigen Frühstück im Hotel ging unsere Reise
am 20. August gegen 9 Uhr weiter nach Kiew.

Die Straße, wohl eine im Bau befindliche Autobahn, zeigte ihre
ganze Palette: von „gut" bis teilweise „katastrophal"! Regelrecht
gefährlich wurde es, wenn riesige russische Lkw Geschwindig-
keitsbegrenzungen nicht einhielten und uns überholten — unsere
erste Erfahrung mit zerstörter Windschutzscheibe in Polen mahn-
te zur Vorsicht!

Auf der ganzen Strecke gab's keine Tankstelle, wir mussten 10
Liter aus unserem Reservekanister nachfüllen.

Etwa um 15 Uhr erreichten wir nach zirka 300 Kilometern Kiew,
wir erhielten einen hübschen Bungalow im Stadtwald.


Aufgrund ihrer historischen Bedeutung als Mittelpunkt der Kie-
wer Rus trägt Kiew oft den Beinamen „Mutter aller russischen
Städte". Wegen der vielen Kirchen und Klöster und seiner Be-
deutung für die orthodoxe Christenheit wird Kiew seit dem Mit-
telalter außerdem als „Jerusalem des Ostens" bezeichnet. Als
UNESCO-Weltkulturerbe wurde die Sophienkathedrale, das
Kiewer Höhlenkloster und die Mariä-Entschlafens-Kathedrale als
Teil des Höhlenklosters eingestuft.

Wir speisten im Interhotel und schlenkerten durch die schöne alte
Stadt. Auf dem Rückweg zu unserem Bungalow machten wir
erste Erfahrungen mit russischer „Tankstellen-Kultur": bevor
man an einer Zapfsäule tanken konnte, musste in einem zentralen
Gebäude einer dortigen „Beamtin" gesagt werden, wieviele Liter
man tanken wollte und an welcher Tanksäule man stand!

Das war das erste Hindernis - die Tankanzeige des Wartburg
„Tourist“ war eher eine Schätzung, man wusste also nie, hatte
man zu wenig (also Tank nicht voll!) oder zu viel (also Tank
übervoll!) getankt — die Wahrheit kam dann an der zugewiese-
nen Zapfsäule!
Zu wenig gekauft war nur „dumm gelaufen“ — zu viel bedeutete,
das nicht mehr in den Tank passendes Benzin schnell (wenn vorhanden) in einen Kanister umzuleiten. Wenn dieser nicht vorhanden war, liess man das Benzin einfach in einen Gulli laufen - so
machten es die Einheimischen!
Das war bei 20 Kopeken pro Liter nicht das Problem — bei zirka
35 Grad Sommerhitze in Kiew war es uns doch schon mulmig!
Dazu kam noch, dass der Wartburg als Zweitakter Öl als Zugabe
beisteuern musste, da war die Mengenzugabe schon bedeutend.

Zurück im Stadtwäldchen gab's erneut ein Problem: Im Restaurant war kein Platz mehr frei - eine russische Gesellschaft hatte
sämtliche Tische okkupiert, erst nach langem Disput wurde uns
als Hotelgäste ein Tisch freigekämpft. Dieser unser Erfolg wurde
mit einer Flasche Krimsekt gefeiert.

Nach einem Frühstück im Bungalow fuhren wir am 21. August
mit der Kiewer Metro bis zum Dnepr.
Der 2201 km lange Dnepr ist ein Strom, dessen Verlauf durch
Russland, Weißrussland und die Ukraine führt. Er ist der dritt-
längste Fluss in Europa und auf etwa 1700 km schiffbar.

Vom Dnepr ging's zum beeindruckenden Petscherskaja-Lawra-Kloster, dem Kiewer Höhlenkloster.

Hier wäre ein Zutritt in das Kloster ohne zufällige Anwesenheit einer US-amerikanischen Reisegruppe für uns nicht möglich gewesen: Touristen mit Devisen brauchten nicht zu warten, wir fragten diese, ob wir uns anschließen könnten, sie bejahten freundlich und schon waren wir im Kloster! Unterhalb des Klosters befanden sich die Gräber hunderter Mönche, wenn wir zu dieser Zeit die Katakomben in Rom gekannt hätten (wie sollten wir auch?), wären Ähnlichkeiten aufgefallen.

 Danach fuhren wir mit einem Taxi zur Sophienkirche und planten danach ein Mittagessen im Intouristhotel.

Bei der Sichtung der Speisekarte wurde es recht laut: Unter unserem Tisch und auch auf den teppich-ausgelegten Gängen wurden ausgiebig Staubsauger eingesetzt — wir waren leider, so wurden wir informiert, zur „Stunde der Erneuerung" am Tisch - hier wurde gesaugt und gefegt, das ein Tischgespräch unmöglich wurde. Mit sehr lauter Stimme klärte ich Frau und Töchter über die Situation auf, und schrieh die zu bestellenden Gerichte dem Kellner entgegen!

Am Restauranteingang wurde die immer dort stationierte Restaurant-Aufpasserin — an einem riesigen Tisch mit Telefon sitzend — aufmerksam und beendete per Befehl die „Stunde der Erneuerung"!

Anwesende amerikanische Touristen applaudierten!


Am Nachmittag besuchten wir das Warenhaus „GUM", ein Kolloss an Gebäude mit überschaubaren Angeboten.

Am Abend hatte „Intourist" den Besuch des Folklore-Ensembles
„Ukraine" organisiert — es war ein Erlebnis!

Eine Reisegruppe aus den USA (die vom „Höhlenkloster!) nahm
dort ebenfalls teil. In der Reihe direkt vor uns fanden je ein Ame-
rikaner von links und von rechts ihre Sitzplätze, sie kamen aus
verschiedenen amerikanischen Bundesstaaten und hatten exakt
die gleichen Sakkos an.

Da hatte das „GUM" doch etwas mehr Auswahl!


Am Morgen des 22. August verließen wir nach dem Frühstück
Kiew in Richtung Poltawa. Wir brauchten etwa eine Stunde, um
die Ausfallstraße zu finden, eine Ausschilderung fehlte völlig.
Nach etwa 300 Kilometern auf der Fernstraße „12" erreichten wir
gegen 13 Uhr Poltawa, im Intourist-Hotel belegten wir zwei sehr
schöne Zimmer.

Den Nachmittag verbrachten wir mit einem Rundgang durch die
historische Altstadt. Die Besiedelung Poltawas begann bereits
6.000 Jahre v. Chr., hier wurden Reste der Triploje-Kultur gefunden. 1709 fand in der Nähe der Stadt eine der größten Schlachten
des Großen Nordischen Krieges statt.

Der schwedische König Karl der XII. verlor hier gegen den Zaren
Peter den I. die Schlacht und mußte über das osmanische Reich
fliehen, die Osmanen erzwangen dabei ein bedeutendes Lösegeld.
Etwa 10.000 Schweden verloren in der Zentralukraine ihr Leben.
Natürlich besichtigten wir den schönen Park mit dem Denkmal
an den Sieg Zar Peters über die Schweden und die um das Jahr
1800 erbaute Uspenskij-Kathedrale.

Bei wunderschönem Sommerwetter genossen wir auf dem Balkon unseres Hotelzimmers die untergehende Sonne, im Hotel gab's ein leckeres Abendbrot.

Bereits gegen halb neun verließen wir am 23. August Poltawa in Richtung Saporoshje.

Wieder war die Strecke — speziell für Touristen — schlecht ausgeschildert, nach zirka 300 Kilometern auf der Fernstraße „4" erreichten wir unser Hotel in der Nähe des Kachowka-Stausees. Die am Dnepr gelegene Stadt befindet sich im Norden der Oblast Saporischschja, innerhalb des Stadtgebietes liegt die Dnepr-Insel Chortyzja, die als „Wiege des Saporoger Kosakentums" gilt, da sich auf ihr die erste Saporoger Sitsch befunden haben soll. Südlich der Stadt ist der Dnepr zum 2.155 km² großen Stausee angestaut.

Nach einem schmackhaften Mittagessen im Hotel führte unser Weg zum riesigen Staudamm, dort konnte man bei herrlichem Wetter baden, auf einem Spielplatz belegten die Töchter das Karussell. Noch ein bißchen Bummeln und Einkaufen in der Altstadt, eine Pelzmütze (bei 35 Grad plus!) wechselte den Besitzer. Zum Abendbrot im Hotel spielte eine örtliche Band zum Tanz auf, der zu dieser Zeit nun auch in der Sowjetunion bekannt gewordene „Ententanz" brachte die Stimmung zum Kochen! Wir wurden von einem russischen Ehepaar zum Tanz aufgefordert, 2 Flaschen Krim-Sekt festigten die „deutsch-sowjetische Freundschaft".

Der 24. August begann recht früh, nach dem Frühstück im Hotel
starteten wir bereits um kurz nach 6 Uhr zum Ziel unserer Reise
— Jalta!

Nach 370 Kilometern wurde Simferopol erreicht, weiter auf der
Fernstrasse „4" kamen wir gegen 14 Uhr bei drückender Hitze in
Jalta an.

Jalta ist der  Kur- und Urlaubsort an der Südküste der Halbinsel
Krim am Schwarzen Meer. Die Stadt hat knapp 80.000 Einwoh-
ner, rund 140.000 Menschen leben in der Agglomeration der
Stadt.

Der Campingplatz „Poljana Skasok" lag in einem sehr schönen
Wald mit herrlicher Aussicht von unseren Bungalows auf das
Schwarze Meer.

Bei den herrschenden Temperaturen gab es, auch nach der langen
Anfahrt, keine Alternative zum Wasser!

Das Intourist-Hotel „Jalta" war schwer zu finden, wir erreichten
nach einigen „Fehlfahrten" den zum Hotel gehörenden Strand.

Bei hohem Wellengang und Wassertemperaturen um die 28 Grad
Celsius kam man kaum aus dem Meer, zurück an unseren Bungalows schliefen wir schnell ein.

Bis Jalta hatten wir von Berlin aus zirka 2550 Kilometer zurück
gelegt.

Der 25. August brachte uns bei angenehm warmem Sommerwetter wieder an den Hotelstrand — die Wellen des Schwarzmeers begeisterten!

Es fing an zu regnen, wir fuhren zurück zum Campingplatz, aßen etwas im Bungalow und fuhren — der Regen hatte aufgehört — zur schön angelegten Märchenwiese und zum Schwalbennest, einem Schloss an der Südküste der Halbinsel.

Das Schloss steht etwa 40 Meter über dem Meer auf einer Klippe, dem Ai-Todor-Kap, und verbindet Elemente der historistischen Neogotik mit der orientalisierenden Architektur.

Im Campingrestaurant „Poljana Skasok" gab's ein zünftiges Abendbrot.


Der 26. August zeigte sich von seiner hochsommerlichen Seite. Wir waren wieder am Schwarzmeerstrand vom Hotel Jalta, aßen im Intourist-Restaurant zu Mittag und sahen uns das riesige Hotel von innen an.

Genug gebadet, fuhren wir zum etwa 7 Kilometer entfernten Botanischen Garten „Nikita".

Der wunderschön angelegte Garten wurde 1812 von Christian von Steven gegründet. Auf einer Fläche von etwa 1.100 Hektar werden im „Nikita" 50.000 Pflanzen aus aller Welt gezeigt, besonders berühmt ist die Rosensammlung mit mehr als 2.000 Arten. Es gibt zahlreiche einzigartige Pflanzen, darunter seltene Exemplare der Himalaya- und Libanon-Zeder, Rhododendren, seltene Heilpflanzen und einen tausendjährigen Pistazienbaum.

Angeschlossen an den Botanischen Garten „Nikita" sind eine der ältesten botanischen Bibliotheken, ein Museum und eines der weltgrößten Herbarien.

Auf den schönen Wegen kamen uns Kinder einer ukrainischen Schulklasse in Schuluniform entgegen, wir fotografierten sie gemeinsam mit unseren Töchtern.

Zurück am Campingplatz schrieben wir noch „hunderte" von Postkarten an unsere Freunde und Familie.


Der 27. August zeigte wieder herrliches Sommerwetter!

Nach Baden und Sonnen am Strand des Jalta-Hotels bestiegen wir an der Strandpromenade ein Schiff, welches uns zum Schlösschen „Schwalbennest" fuhr. Die Bootsfahrt und die Aussicht auf die hinter Jalta aufsteigende Bergwelt war einzigartig.

Am Nachmittag zurück in Jalta schlenderten wir über die schöne Strandpromenade, die wohl mit ihrem Pomp an die Zarenzeit erinnerte.

Bei Badewetter verbrachten wir am 28. August bis gegen 15 Uhr mit Baden und Sonnen am Strand des Jalta-Hotels.

Nach dem Lunch am Strand fuhren wir mit unserem Auto zum Liwadija-Palast.

International bekannt wurde Liwadija durch die Konferenz von Jalta, auf der vom 4. bis 11. Februar 1945 über das Schicksal des bald besiegten Deutschlands entschieden wurde. Daran beteiligt waren die alliierten Regierungschefs Winston Churchill, Josef Stalin und Franklin D. Roosevelt, hier wurde die Welt neu aufgeteilt!

Im Schloss war nur der Beratungssaal der Jalta-Konferenz zu
besichtigen, der wunderschöne Garten und die Aussicht auf das
Schwarze Meer waren atemraubend.
Zurück auf dem Campingplatz gab's noch ein Glas roten Krimsekt, wir schliefen wunderbar ein.


Am Morgen des 29. August nahmen wir an einer Busfahrt nach
Bachtschyssaraj teil.
Hier besuchten wir den Khan-Palast der Tataren, von dem aus
einst das Khanat Krim regiert wurde. Der Gebäudekomplex, an
dessen Bau vom 16. bis zum 18. Jahrhundert iranische, türkische,
russische und ukrainische Meister beteiligt waren, brillierte mit
einer Mischung verschiedener Baustile. Höhepunkt war hier der
„Tränenbrunnen", der von Alexander Puschkin in einem
berühmten Poem besungen wird.
Begeistert von Kunst, Landschaft und Geschichte führte uns der
Bus nach Simferopol.
Auf dem Gebiet der heutigen Stadt stand einst die im 2. Jahrhundert v. Chr. von König Skiluros gegründete skythische Hauptstadt
Neapolis. Die unter dem griechischen Namen Neapolis Skythika
bekannte Stadt bestand auch noch in den Zeiten des von Rom
abhängigen Bosporanischen Reiches, im Laufe des 3. Jahrhunderts n. Ch. wurde die Stadt von den Goten zerstört.


In einem Restaurant in der Altstadt konnte man gut zu Mittag
speisen, beim Rundgang in den Einkaufsstrassen kauften wir bei
Temperaturen um die 30 Grad eine weitere ukrainische
Pelzmütze.

Den Abend verbrachten wir in unserem Camping-Bungalow bei aufziehendem Regenwetter.

Der 30. August begann, wie der vorherige Tag aufgehört hatte:
Es goss in Strömen!
Bei dem Wetter entsprechender Begrenztheit der Tagesaktivitäten
verbrachten wir den Vormittag wieder im Hotel „Jalta".
Die italienischen Espresso-Maschinen waren „leider" noch nicht
einsatzbereit. Das änderte sich schnell, als eine Reisegruppe aus
dem „kapitalistischen Ausland" eintraf! Schnell liefen die Espresso-Maschinen, man konnte uns als ostdeutsches „Brudervolk" den Kaffeegenuss nicht mehr verweigern. Die Töchter verbrachten Zeit an Spielautomaten, auf denen gezeigt wurde, wie
afrikanische Stämme von europäisch-uniformierten Soldaten ab-
geschossen werden konnten — wenn man gut zielte!
Genug geballert, fuhren wir zum Basar im Ort, das Mittagessen
nahmen wir im am Berghang liegenden Restaurant an einem
Wasserfall ein. Man konnte die Köche durch's Fenster sehen, wie
sie im Kräutergarten Frisches sammelten. Noch etwas höher in
den Bergen kamen wir zum Waldsee „Lesnoi", im dortigen Restaurant tranken wir vor der Rückfahrt noch ein Glas ukrainischen
Rotwein.
Der 31. August begann wieder mit schlechtem Wetter.
Wir fuhren in's nahe liegende Alupka, wo wir den Woronzow-
Palast besichtigen wollten.

Michail Woronzow, Generalgouverneur von Neurussland, ließ
sich das Schloss als seine Residenz in den Jahren 1828 bis 1846
erbauen. Architekt und Planer war der Engländer Edward Blore,
der einer der Architekten des Buckingham Palace in London war.
Während das Schloss von der Meeres-Seite her im maurischen
Baustil gebaut wurde, hat es von der Bergseite einen englischen
neu-gotischen Baustil. Das Schloss ist von einem riesigen englischen Landschaftspark umgeben.
Nur: Wir kamen nicht rein, ein hoher Zaun umgab das Anwesen.
Durch eine Lücke im Zaun konnten wir jedoch auf das Gelände
gelangen — das Schloss und der Landschaftspark waren die
Fahrt wert!
Während der Jaltakonferenz im Jahre 1945 lebte Winston Churchill auf dem Schloss. Churchill wollte wohl einen der vier weißen Marmor-Löwen an der Treppe des Südportals des Schlosses
kaufen — Stalin lehnte empört ab!
Das Wetter besserte sich, wir fuhren zurück nach Jalta und machten noch einen schönen Spaziergang an der Promenade, badeten
noch am Intourist-Hotel und genossen den milden Abend auf
dem Camping „Poljana Skasok".

Am 1. September wartete ein „Höhepunkt" unserer Reise auf uns:
die Weinverkostung!
Vorher genossen wir jedoch das wiederum sehr schöne Sommerwetter mit Baden und Sonnen am Strand des Schwarzmeers, um
17 Uhr trafen wir uns mit anderen DDR-Touristen in der „Wein-
koststube"!

Auf den Tischen standen (pro Person!) neun verschiedene Rot- und Weissweine der Krim — nicht in Probiergläsern, sondern Restaurant-Volumina!

Die Veranstaltung verzögerte sich, da eine deutschsprachige Russin tief in die Seele der Krimweine einging — es war die Rede von Sonne, Schwarzmeer, heldenhafter Sowjetunion, Stalin (Stalin ging immer!), der Segen des Kommunismus - es nahm anscheinend kein Ende.

Die Dolmetscherin liess sich nicht unterbrechen und bemerkte anscheinend nicht, das wir längst zum eigentlich Zweck der Veranstaltung gekommen waren - Weinverkostung!

Als die Dolmetscherin nun endlich auf den ersten der neun Weine zu sprechen kam (Sonne, Errungenschaft der Sowjetunion, natürlich Stalin, etc. ), war die Mehrheit unserer Gruppe bereits beim vierten Glas angelangt.

In dem schönen Weinkeller begann ein Kichern, Lachen und laute Unterhaltungen, die Dolmetscherin war erledigt: was interessierte uns die „Sonne der Sowjetunion", wenn man herrliche Weiß- und Rotweine verkosten konnte?

Zum Glück stand vor der Weinstube ein Bus, der uns beschwipst zum Camping zurück fuhr, kein Weinliebhaber hätte noch fahren können!

Der 2. September, unser vorletzter Tag auf der Krim, bescherte uns wieder herrliches Sommerwetter.

Unterbrochen von kleinen Pausen an der Strandbar, badeten und sonnten wir uns noch einmal am Schwarzen Meer.

Am späten Nachmittag, zurück am Campingplatz, packten wir schon unsere sieben Sachen, der „Wartburg-Tourist" wurde für die Rückfahrt „fein gemacht".

Den Abend verbrachten wir bei letztmals guten Speisen und leckerem Wein im Restaurant auf dem Campingplatz. Mit einer ebenfalls vor der Abreise stehenden Berliner Familie tauschten wir unsere Reise-Erfahrungen aus.


Der 3. September begann mit einem unerwarteten Abenteuer.

Für die im Campingrestaurant gekauften Flaschen wurde ein Pfandgeld erhoben, die leeren Flaschen nahm dort jedoch niemand zurück. Man wollte sich anscheinend einen kleinen Nebenverdienst schaffen, die Terrasse unseres Camping-Bungalows stand mit leeren Wein- und Wasserflaschen voll.

Da unser Budget für die Tour durch die Sowjetunion „überschaubar" war, fuhr ich nach Jalta zu einem Laden, der die leeren Flaschen abnehmen und den Pfand auszahlten sollte.

Das hört sich einfach an — war es jedoch nicht.

Ich stand in der Schlange vor dem „Glas-Abnahmegeschäft", diese verkürzte sich jedoch kaum, da ständig Einheimische irgendwelche Ausweise vorzeigten, die es ihnen ermöglichte, sofort abgefertigt zu werden:

Verwundete des Zweiten Weltkriegs, Kranke, Alte, Kinder (?) -
es gab Unmengen Sondergenehmigungen für das Abgeben leerer
Flaschen!
Nach gefühltem Jahrhundertwechsel konnte ich endlich die Flaschen abgeben, das Pfandgeld war beträchtlich!

Voll gepackt verbrachten wir den Nachmittag letztmals am
Strand vom Hotel Jalta. Noch einmal zum Mittagessen im Hotel,
dann wartete ein weiterer Höhepunkt der Reise auf uns: Mit der
„Grusia", einem grossen Hochsee-Hotelschiff, führte unsere
Fahrt von Jalta auf der Krim nach Odessa!

Am Hafen standen bereits etliche Schaulustige an dem großen
Schiff, gegen 18 Uhr fuhren wir mit unserem Wartburg „Tourist"
in den Bauch der „Grusia" und belegten in einer oberen Etage
zwei geräumige Aussenkabinen.
Pünktlich um 18 Uhr 30 legte das Schiff ab, der Sonnenuntergang
über den Bergen hinter Jalta war ein dankbarer Abschiedsgruss!

Die „Grusia" bot alles, was wir uns von einem Luxusdampfer
vorstellten konnten. Restaurants, Bars, Swimmingpool auf dem
obersten Deck, Spielautomaten, Kinderspielplatz — wir hatten so
etwas noch nie erlebt!
Die Spielautomaten erzeugten erneut Verwunderung: Aus Sicht
des Spielers, der ein Maschinengewehr bediente, wurde auf an-
rennende Schwarze — ausgestattet mit Pfeil, Bogen und Schild
— geschossen!

Die russischen Reisenden waren begeistert, wir hatten das irgendwo vorher schon mal furchtbar gefunden.

Nach Besichtigungstour des Schiffes schliefen die Töchter schnell ein, bis 3 Uhr Nachts waren wir noch auf den Beinen: Nachtklub, „Miss-Wahl", russischer Champagner im Außenpool unter sternklarem Himmel, das namentlich „Schwarze Meer" erfüllte alle Erwartungen!

Früh um 7 Uhr kam am 4. September die „Grusia" im Hafen von Odessa an, wir hätten gern noch etwas geschlafen!

Es gab noch ein leckeres Frühstück an Bord des Schiffes, dann stiegen wir in den Wartburg „Tourist" und fuhren aus dem Schiffsbauch an Land.

Die Strecke zum Hotel „Chornoye More" (übersetzt „Schwarzes Meer") war kurz, die Töchter erhielten ein eigenes Zimmer und alle fielen in einen tiefen Schlaf!

Die Stadt Odessa hat eine lange Geschichte.

In der Antike lebten in dem Gebiet Steppenvölker wie die Skythen und Sarmaten, sowie der thrakische Stamm der Tyrageten.

Im ersten Jahrhundert vor Christus gelangte es unter dakische Herrschaft. Im Frühmittelalter war das Gebiet von ostslawischen Stämmen bewohnt, die mit der Zeit von türkischen Nomadenvölkern verdrängt wurden.

Zum Ende des 18. Jahrhunderts kam das Gebiet an das russische Kaiserreich. 1794 wurde auf Anweisung von Katharina der Großen die Stadt Odessa nahe der Festung Jeni Dünja gegründet. Es sollte ein leistungsfähiger Militärhafen für den Schwarzmeer- und Mittelmeerraum geschaffen werden.

Im Selbstbild der Stadt wird deren Weltoffenheit betont, die sich aus der Lage zwischen dem Orient und Okzident ergibt.

Wir wurden am frühen Nachmittag wach und fuhren dann zum Strand des Intourist-Hotels am Stadtrand. Das Wetter war wieder sehr schön, wir badeten und sonnten uns und machten danach noch einen kleinen Spaziergang im Zentrum der sehenswerten Stadt.

Heute gingen wir früh schlafen.

Am Morgen des 6. September wurden wir durch laute Geräusche wach. Von unserem Hotelbalkon konnten wir sehen, dass viele Menschen auf die Öffnung des gegenüber liegenden Kaufhauses warteten, lange Schlangen bildeten sich.

Nach einiger Zeit kam vor dem Kaufhaus ein Lkw zum stehen, die Menge wurde immer unruhiger. Nun sahen wir das „Objekt der Begierde": Es gab Toilettenpapier! Die großen Pakete wurde direkt vom Lkw herunter verkauft, nach kurzer Zeit war der Spuk vorbei.

Wir fuhren in die Innenstadt, besichtigten das Marine-Museum, das in den 80er Jahren des 19. Jahrhunderts erbaute Opernhaus „ODESSA" und natürlich die Potemkinsche Treppe, die von der Altstadt hinunter zum Hafen führt.

Durch Eisensteins Spielfilm „Panzerkreuzer Potemkin" wurde sie 1925 zur Berühmtheit und eine der größten Sehenswürdigkeiten des 20. Jahrhunderts.

Zahlreiche Denkmäler, wie das von Alexander Puschkin, Richelieu und Katharina II., die Verklärungs-Kathedrale auf dem Soborka-Platz, die Uspensky-Kathedrale sowie eine Reihe schöner Kirchen der verschiedensten Konfessionen säumten den Weg.
Auf der Flaniermeile „Derybasiwska" aßen wir zu Mittag und durchliefen anschließend den schönen Stadtpark „Miskij Sad".
Den Abend verbrachten wir beim Abendessen im Hotel-Restaurant bei Speis' und Krimsekt — die Flasche kostete etwa 3 Ostmark!

Am frühen Morgen des 6. September verließen wir Odessa und erreichten gegen 12 Uhr unser heutiges Ziel, die Hauptstadt der Moldaischen Sowjetrepublik, Kischinjow.
Auf dem gesamten Weg säumten riesige Getreidefelder, Weinreben und Obstplantagen den Weg. Wir konnten erahnen, dass bei der sehr trockenen Luft ohne sichtbare Bewässerungsanlagen vieles verdorren würde.
Kischinjow, moldaisch „Chisinau", ist eine ausgesprochen grüne Stadt — die Hauptstraßen sind von Bäumen gesäumt, die auf dem ganzen Stadtgebiet verteilten Parkanlagen prägen das Stadtbild. In der Altstadt gab es einige imposante Gebäude, man konnte jedoch erahnen, das die Stadt im Zweiten Weltkrieg schwer gelitten hatte.
Es gab einige schöne Geschäfte, als typisches „Mitbringsel" kauften wir „Matrushkas", die ineinander passenden Holzschnitzereien - völlig untypisch für die eher rumänisch-wirkende Moldauische Sowjetrepublik.
Nach einem Abendbrot im Hotel gingen wir früh schlafen.

Der 7. September führte uns über etwa 300 Kilometer nach Tschernowszy. Nahezu über die gesamte Strecke säumten wiederum unendliche Obstplantagen den Weg. Wir fanden schnell unser ansehnliches Hotel, wir kamen uns wie in Rumänien vor, bis zur Grenze waren es nur einige Kilometer. In der schönen Altstadt kauften wir deutschsprachige Bücher und Holzschnitzereien, der Verkauf einer „DDR-Jeans" brachte uns 130 Rubel ein, ein gutes Geschäft!

Im 12. Jahrhundert hatte es auf dem heutigen Gebiet der Stadt eine befestigte Siedlung am Ufer des Flusses Pruth als Teil der Kiewer Rus und des Fürstentums Galizien-Wolhynien gegeben. Die Stadt wurde unter dem Rurikiden-Fürst Jaroslaw Osmomysl gegründet, der zwischen 1153 und 1187 regierte. In den Chroniken wird die Stadt in ihrer Anfangszeit „Schwarze Stadt" genannt, die schwarze Farbe der Stadtmauern oder die dort gefundene Schwarzerde kann zu diesem Namen geführt haben.
Die Festung wurde 1259 während der mongolischen Invasion der Rus zerstört, die Reste wurden jedoch bis ins 17. Jahrhundert weiterhin zu Verteidigungszwecken genutzt. Von 1359 bis 1775 gehörten die Stadt und ihre Umgebung zum Fürstentum Moldau. 1774 wurde Czernowitz wie die gesamte Bukowina von Österreich besetzt und 1775 offiziell Teil der Habsburgermonarchie. Bei einem eher rumänisch-schmeckenden Abendessen verbrachten wir den Abend im Hotel.

Der 8. September, der letzte Tag unserer Reise durch die Sowjetunion, begann früh um 4 Uhr 30 mit einer 400 Kilometerfahrt
nach Lwow und von dort ohne Aufenthalt zur Grenze nach Polen.
Die Abfertigung war überraschender weise zügig, wir frühstückten wartend im Auto und fuhren in Polen weiter bis in die Nähe
von Krakau.

In einem schönen Holzhaus-Restaurant aßen wir zu Mittag, das
Essen war köstlich, das polnische Bier auch.

Die letzte Etappe wartete jedoch noch mit einer bösen Überraschung auf uns: In der Nähe vom Ort Bytum gab es im Kühler-
raum des Wartburg „Tourist" einen lauten Knall — die Kurbel-
welle war unbeweglich!

Es muß hier erwähnt werden: Es gab noch keine Mobiltelefone,
keiner von uns sprach polnisch, wir mussten auf alle Fälle nach
Berlin kommen, da wir am darauf folgenden Montag unser Ein-
zelhandelsgeschäft in Berlin wieder öffnen mussten!

Freundliche Polen ermittelten eine Kfz-Werkstatt, ein Mechaniker kam nach empfundenen 10 Stunden und besah sich den Kur-
belwellenschaden. Er schlug vor, das Auto zur Werkstatt abzu-
schleppen und am folgenden Montag mit einer Reparatur zu beginnen.

Wir erklärten ihm unser Problem mit unserem Geschäft, es gelang ein unglaubliches Übereinkommen: Die Autowerkstatt würde uns für eine nicht geringe Summe bis zur DDR-Grenze nach
Görlitz abschleppen, Bezahlung in Ostmark, Westmark, Dollar
und Zloty wurde akzeptiert!

Dem Mechaniker sagten wir nicht, dass es uns überhaupt nicht klar war, wie wir an einem Sonntagmorgen zurück in Berlin dieses Geld aufbringen könnten!

Früh gegen 6 Uhr erreichten wir die DDR-Grenze, es herrschte völlige Ratlosigkeit der Grenzer, wie uns geholfen werden könnte.

Der polnische Fahrer ließ sich überreden, uns nun bis nach Berlin zu bringen: Am Haken des Abschleppwagens hängend, setzten wir uns wieder in das polnische Gefährt und erreichten gegen 8 Uhr Berlin-Köpenick.

An dem sommerlichen Sonntag waren die Straßen menschenleer! Der polnische Mechaniker ließ unseren Wartburg nicht vom Haken, wir liefen sämtliche Kontakte der Freunde in der Umgebung ab — viele schliefen noch oder waren ebenfalls auf Urlaubsreise, es gelang, die wie oben beschriebenen Währungen zusammenzubekommen.

In unserer Küche wurden Umtauschkurse notiert, wobei „Westmark" und „Dollars" viel zur Gesamtsumme beitrugen.

Nach Feilschen und „Kursmanipulationen" kam es zum „Gentleman Agreement": Handschlag, Wartburg vom Abschlepphaken befreit, wir waren angekommen!

Rechnung ? - kannte unser Retter nicht!

Vielen Dank an den polnischen Automechaniker, der sich über Vorauszahlung / eigenes Wochenende opfern / 600 Kilometer von Krakau bis Berlin und dann zurück / hinwegsetzte und uns einfach nur half!

Dziekuje!

Der Grosse Kaukasusring:

Drei Wochen durch Polen und die UdSSR (Ukraine, Russland, Ossetien und Abchasien)  nach Sochi und zurück

Reise vom 17. August – 9. September 1980

Eine Reise mit dem eigenen Auto durch Polen und vier Sowjet-
Republiken war ohne Zweifel eine Herausforderung — für das
Fahrzeug und die Reisenden!
Wie schon bei unseren anderen Reisen innerhalb der Sowjetunion
fuhren wir auf festgelegten Routen, die vom Reisebüro der DDR
mit dem sowjetischen Reisebüro „Intourist" vereinbart worden
waren.
Unsere Reise begann am 16. August.
Es war ein wunderschöner Sommertag, den wir noch auf dem
Campingplatz des Automobilclubs „ADMV" bei Königs Wuster-
hausen verbrachten, bevor wir zurück nach Berlin fuhren. Der
Wartburg „Tourist" war schnell beladen und voll betankt, als wir
uns kurz vor Mitternacht auf den abenteuerlichen Weg machten.
Am frühen Morgen des 17. August wurde bei Frankfurt/Oder die
Grenze zu Polen überquert, weiter ging's bis in die Nähe von
Poznan, wo wir auf einem Parkplatz bis um 5 Uhr früh im Auto
schliefen.
Um 10 Uhr waren wir in Warschau angekommen.
Die polnische Hauptstadt kann auf eine lange Geschichte zurück-
blicken.
Die erste befestigte Siedlung auf dem Gebiet Warschaus entstand
im 9. Jahrhundert. Hier befand sich eine kleine Wallburg und ein
dazu gehöriges Dorf. Die Besitzer und Besatzer Polens änderten

sich über die Jahrhunderte ständig: die Aufteilung Polens in
Senioratsherzogtümer 1188, Herzogtum Masowien, Polnisch-
Litauische Adelsrepublik, Herzogtum Warschau,Kongresspolen
nach dem Wiener Kongress, Zweite Republik.

Im Zweiten Weltkrieg wurde die Stadt von den deutschen Besat-
zern nahezu vollständig zerstört, hunderttausende jüdische Bürger der Stadt wurden in Auschwitz ermordet.

Nach dem Ende des Zweiten Weltkriegs wurde beschlossen,
Warschau detailgetreu wieder aufzubauen.

 Im Februar 1945 begannen erste Rekonstruktionsarbeiten. Die
Altstadt, die Neustadt und die Krakauer Vorstadt wurden ab 1946
bis 1953 in einer historischen Rekonstruktion wieder aufgebaut.

Die Arbeiten orientierten sich dabei zu einem großen Teil an
Gemälden des italienischen Malers Bernardo Bellotto (Canalet-
to).

Im Jahr 1980 wurde der Wiederaufbau der Stadt als Weltkulturerbe der UNESCO ausgezeichnet.

Zum Nachmittag machten wir einen Rundgang durch die sehr
schön restaurierte Altstadt.

Gegen 15 Uhr  fuhren wir weiter bis nach Lublin, welches wir
um 16.30 Uhr erreichten.

In der Gegend vom heutigen Lublin siedelten bereits vor 5.000
Jahren Menschen. Im 6. Jahrhundert wurde auf dem Hügel
Czwartek eine Ansiedlung errichtet, vor über 700 Jahren entstand
dort eine Burganlage. Im Jahr 1198 wurde Lublin erstmals erwähnt, 1205 belagerte Fürst Roman von Wolhynien erfolglos die
Burganlage, nach etwa 30 Jahren wurde Lublin von den Tataren
zerstört. 1244 wurde die Stadt von Litauern mit Prußen und

Jatwingern erobert. Im gleichen Jahr eroberte Fürst Daniel von Galizien den Ort und befestigte ihn. Im Jahr 1317 wurde durch Władysław I. Ellenlang das Magdeburger Stadtrecht verliehen.

Wir buchten einen Bungalow für 412 Zloty, der den Preis nicht wert war. Lublin selbst muss einmal sehr schön gewesen sein, hier nagte in der Altstadt kräftig der Zahn der Zeit.

Nach einem zünftigen polnischen Essen kehrten wir zum Bungalow zurück und schliefen entspannt ein.
Da hatten wir bereits 750 Kilometer hinter uns.


Am Morgen des 18. August ging nach einem schönen Frühstück unsere Reise nach Zamosc, welches wir um 12 Uhr mittags erreichten. In der Altstadt und speziell am Marktplatz wurden umfangreiche Restaurierungsarbeiten durchgeführt, die fachliches Können erforderten und unsere Bewunderung erhielten.
Über Tomaszow und Jaroslav kamen wir gegen 16 Uhr in Przemysl an, wo wir (diesmal!) einen sehr schönen Bungalow (483 Zloty) buchen konnten. Währungen wurden schnell (schwarz!) getauscht — wir brauchten Zloty für die Rückreise und für's letzte Tanken in Polen.
Nach einem schönen Abendessen in der Nähe des Bungalow-Parks und einem abschliessenden Bummel durch die Altstadt mit obligatorischem Rummelplatzbesuch für die Töchter schliefen wir schnell ein — ich durchlief im Halbschlaf die uns schon von vorherigen Reisen bekannte Prozedur an der russischen Grenze!

Am 19. August erreichten wir gegen 9 Uhr die polnisch-russische
Grenze, die für uns nichts Neues war — 4 Stunden Aufenthalt:
alles auspacken, warten, warten, Zöllner kommen zur Halbzeit,
alles wird gecheckt, wieder einpacken, über eine Grube rollen,
damit auch von unten gesehen nichts den Grenzern verborgen
bleiben würde! Lebensmittel wie Salami-Würste etc. wurden von
den russischen Grenzern gern konfisziert.
Ein DDR-Wartburg verpasste die Spur über der Grube, er blieb
auf  Beifahrerseite in der Grube hängen und musste mit vereinten
Kräften heraus gehievt werden, die ganze Fahrzeugseite war ver-
beult!
Während des Aufenthalts im Niemandsland bekamen wir im
„INTOURIST"-Büro 250 Rubel ausgehändigt (diese hatten wir
natürlich in Berlin bezahlt!) und kauften ca. 500 Liter Benzin für
100 Rubel.


Es ging endlich weiter — über Lwow, dem früheren Lemberg,
kamen wir gegen 18 Uhr in Rowno in der Ukraine an. Im vorge-
buchten Hotel „MIR" (das heißt „Frieden") erhielten wir zwei
schöne Zimmer.
Nach ausgiebigem Duschen wartete eine deftige ukrainische Küche auf uns, eine Flasche Krimsekt garantierte festen Schlaf.


Am 20. August verließen wir kurz nach 8 Uhr Rowno.
Auf einer bemerkenswerten, wohl im „Rohbau" befindlichen
Straße kamen wir über Shitomir nachmittags nach zirka 600 Ki-
lometern in Kiew an.

Uns erwartete der Bungalow No. 114 und ein geschmackvolles
Mittagessen im Camping-Restaurant.
Die lange und wechselvolle Geschichte dieser wunderschönen
Stadt haben wir bereits in unserer Reise 1979 (Polen, UdSSR bis
Jalta-Krim) gewürdigt.

Per Anhalter (also: Lkw!) und Taxi (selten!) kamen wir in die
Altstadt von Kiew und bummelten auf der „Petscherskaja
Lawra", der Einkaufszeile Kiews.
Die Rückfahrt zum Bungalow-Park erwies sich schwierig: kein
Taxi wollte uns mitnehmen, irgendwie fanden wir jedoch zu un-
serem Ziel zurück.
Am Abend im Restaurant saßen wir mit zwei westdeutschen älte-
ren Herren zusammen, die uns ihre Geschichte erzählten:
Während des Zweiten Weltkriegs waren sie in der Nähe Kiews
verwundet in russische Hände gefallen. Sie wurden jedoch von
der Zivilbevölkerung gepflegt und kamen mit dem Rückzug der
Wehrmacht nach Deutschland zurück.
Nach dem Krieg versuchten sie wohl mehrmals, ihre Retter in der
Ukraine besuchen zu dürfen, das wurde dann erst 1980 erlaubt.
Trotz gesicherter Hotel-Garage für ihren Mercedes-Pkw war dieser in der Nacht völlig durchwühlt worden, sie wurden wohl
ständig überwacht, die Angst stand in ihren Augen! Sie hatten
sich entschieden, am nächsten Morgen in die
Bundesrepublik zurück zu fahren, ohne ihre ehemaligen Retter
besucht zu haben! Sie gaben uns ihre nun überflüssigen Rubel,
die Verabschiedung war ergreifend!

Am 21. August fuhren wir gegen 8 Uhr auf einer guten, jedoch sehr langen Fahrt nach Charkow, wo wir um 15 Uhr 30 den Stadtrand erreichten. Nach einer schlecht ausgeschilderten Irrfahrt durch die Stadt fanden wir letztendlich unser Motel, da hatten wir wieder zirka 500 Kilometer geschafft.
Das Reisebüro „INTOURIST" hatte für den Nachmittag eine zweistündige Stadtrundfahrt organisiert.
Die Stadt hatte nicht viel zu bieten, Charkow war im Zweiten Weltkrieg schwer zerstört worden, viele notdürftig instandbesetzte Häuser sah man nun auch noch im Jahr 1980.
Auf einem riesigen Friedhof für sowjetische Soldaten und Zivilisten stand ein großes Monument: die Mutter Russland mit laut pochendem Herzen, dazu ertönte im Hintergrund Musik von Beethoven!

In einem Gefängnis in Charkow wurden im März 1940 über 3.000 polnische Offiziere von russischen Soldaten im Massaker von Katyn ermordet, im Oktober 1941 eroberten Truppen der deutschen 6. Armee die damals viertgrößte Stadt der Sowjetunion. Kurz danach begann der Terror an der Zivilbevölkerung. Die meisten in der Stadt verbliebenen Juden wurden beim Massaker von Drobyzkyj Jar umgebracht. 270.000 Menschen sind der deutschen Besatzung zum Opfer gefallen. Zurück im Hotel schliefen wir gedankenschwer ein.

Der 23. August begann sehr früh: Schon um 6 Uhr waren wir auf der überraschenderweise sehr guten Strasse nach Pjatygorsk, welches wir nach etwa 500 Kilometern gegen 13 Uhr erreichten.

Auf dem örtlichen Campingplatz belegten wir zwei sehr hübsche
Bungalows. Wir tauschten ein Voucher von 400 Ostmark gegen
123 Rubel ein und nahmen im Restaurant ein stark überteuertes
Mittagessen ein.
Drei Einheimische standen an der Bar und fragten, ob die 3 Personen an unserem Tisch meine Frau und unsere Töchter wären.
Als ich bejahte, baten sie, ob diese einmal aufstehen könnten.
Nach meiner natürlichen Ablehnung fragten sie, ob ich denn keinen Sohn hätte - hatte ich nicht, damit war ihr Interesse erledigt!

An einem See am Campingplatz genossen wir das schöne Wetter,
am Nachmittag erfolgte die anschliessende Stadtbesichtigung.
Seit Jahrhunderten waren die heißen Quellen dieser Gegend bekannt und beliebt. Im Jahr 1780 wurde in der Nähe der heutigen
Stadt eine kleine Festung angelegt, neben der sich allmählich eine
Ortschaft bildete, die den wörtlichen Namen „Ort der heißen
Wässer" erhielt. Im Jahr 1803 wurden die Thermalquellen zum
Kurort erklärt, der bei der russischen Aristokratie beliebt wurde.
Am Abend gingen wir früh in unsere Bungalows und genossen
die Nachtruhe.

Am 24. August erwarte uns ein Höhepunkt der Reise: der Elbrus!

Mit dem Wartburg „Tourist" ging es früh um 7 Uhr los.
Im Basislager am Elbrus angekommen, fuhren wir mit zwei aufeinander folgenden Seilbahnen bis zur Endstation in 3.500 Metern Höhe!

Der Elbrus ist mit 5.642 m Höhe der höchste Berg des Kaukasus und Russlands. Ob der Elbrus oder der Mont Blanc der höchste Berg Europas ist, hängt von der Definition der innereurasischen Grenze ab.

Der heutige Name Elbrus leitet sich vermutlich vom georgischen Wort für „kegelförmiger Berg" ab. In der Antike war der Berg bekannt als Strobilus, in der Mythologie das Gefängnis des Prometheus, nachdem er den Menschen das Feuer gebracht hatte. Einer Sage zufolge soll die Arche Noah vor ihrer Landung am Ararat hier kurzzeitig gestrandet sein. Die Divs, persische Fabelwesen, sollen zur Strafe für ihre Sünden auf den Elbrus verbannt worden sein und seither hier leben. Da der Elbrus als heilig gesehen wurde, galt die  Besteigung lange Zeit als tabu.

Bei strahlendem Sonnenschein genossen wir in Badebekleidung ein ausgiebiges Sonnenbaden im Schnee, den entsprechenden Sonnenbrand trugen wir ab hier auf der gesamten Reise mit uns! Die Aussicht auf die Gebirgslandschaft des Kaukasus war jedoch unglaublich!

Wieder im Tal angekommen, kauften wir auf einem kleinen Markt Schafsfelle und Wollhandschuhe (die brauchten wir bei nahezu 35 Grad Celsius schon!), die Felle „dufteten" bis zur Rückreise nach Berlin!

Der späte Nachmittag klang mit Baden im See am Camping in Pjatygorskaus, beim Preis für das Abendessen waren wir diesmal aufmerksam !

Der 25. August begann wieder sehr früh, nach einem schnellen
Frühstück führte uns die Tagesroute nach Ordshonikidse in das
wunderschöne Zei-Tal. Die Landschaft war einfach herrlich!
Kurz vor Ordshonikidse bogen wir von der uns vorgeschriebenen
Straße ab und folgten einem steil in's Gebirge führenden Ge-
birgspass.
Der Abstecher hatte sich gelohnt!
In den Bergen besichtigen wir alte Grabstätten, teilweise wurden
die Verstorbenen in mehrstufigen runden Steinhäusern beerdigt -
auf Holzebenen lagen die Toten in ihrer Tracht - die trockene
Gebirgsluft hatte diese mumifiziert.
Die Gehöfte in den Dörfern waren sämtlich mit Holzpalisaden
umgeben, plötzlich kamen Einheimische auf uns zu.
Eine große ossetische Familie lud uns zum Mittagessen ein.
Bei schmackhaftem Lammfleisch erfuhren wir, das das Ehepaar
Ärzte aus dem im Tal befindlichen Ort waren. Der Großvater
verschwand sofort, als er hörte, das Deutsche zu Gast bei ihm
waren! Nach einigen Minuten kam er zurück, bestückt mit so
vielen Orden, die er sich im „Grossen Vaterländischen Krieg“
gegen die Deutschen erworben hatte — wir hatten Angst, dass er
bestimmt gleich wegen der Orden umfallen würde! Dann wurden
wir jedoch umarmt, es wurde ein unvergesslicher Nachmittag.
Das fette und köstliche Lammfleisch wurde mit viel Wodka lega-
lisiert, ich hatte Bedenken, die kurvige Straße auf  unserem
Rückweg unfallfrei bewältigen zu können.

Die Familie diskutierte darüber, ob unsere älteste Tochter (sie
war 13 Jahre alt!) nicht wunderbar zum etwa gleichaltrigen Sohn
der ossetischen Familie passen würde — wir nahmen es „wohl-
wollend" zur Kenntnis.

Wir wollten den Hausherren und speziell der Hausdame unseren
Dank aussprechen, in einem nahe liegenden Gehöft befand sich
eine Holzbude, in der unter anderem Parfüm verkauft wurde.

 Das schenkten wir der Dame des Hauses als Zeichen unserer
Dankbarkeit. Das Rosenblätter-Parfüm war so stark, es würde für
bestimmt für Jahre reichen!

Nach Gruppenbild und vielen Umarmungen ging's für uns in's
Tal zu unserem Motel, wir erhielten zwei Räume, duschten
ausgiebig und nahmen ein ossetisches Abendessen ein.

Der Morgen des 26. August führte uns erneut in die Bergwelt.
Wir besichtigten in der Darwash-Schlucht das Tal der Toten und
die dortigen Totenhäuser, zurück in Ordshonikidse bewunderten
wir die dortige Moschee und frühstückten im Intourist-Hotel.

Die Geschichte der Stadt ist schon interessant:
Der Generalgouverneur der südlichen russischen Provinzen, Gri-
gori Alexandrowitsch Potjomkin (der „Erfinder" der
„Potjomkin'schen Dörfer" !), ließ die Stadt 1784 als Festung neben einer ossetischen Siedlung erbauen. Die Stadt sollte eine bedeutende Rolle beim Kampf gegen die kriegerischen
Bergstämme des Kaukasus spielen und die Verkehrsverbindun-
gen bei der Südexpansion des Zarenreiches absichern. Im Jahr
1799 wurde die hier beginnende, über den Großen Kaukasus nach
Tiflis führende Georgische Heerstraße eröffnet. Erst nach der
Annexion Georgiens 1801 durch das Russische Reich gedieh
Ordshonikids zu neuer Blüte. Die Stadt wurde nach der Zerstörung durch Aufständische wieder aufgebaut und Kosaken in ihr
angesiedelt. Bald wurde die Stadt zu einer Drehscheibe für den
Handel mit Persien.
Gut gesättigt ging es am Nachmittag durch eine berauschende
Gebirgswelt in Richtung Tbilisi, welches wir um 17 Uhr erreich-
ten. Das dortige Motel, in dem wir zwei Zimmer belegten, hieß
„Etablissement". Unterwegs hatten wir, um unser Urlaubsbudget
auf zu frischen, eine Jeans gewinnbringend verkauft!

An der Rezeption wurde uns empfohlen, Zimmer mit Klimaanlage gegen einen „kleinen Aufpreis" zu belegen - draussen waren bestimmt um die 35 Grad — Wir nahmen das Angebot an.

Tbilisi ist die Hauptstadt Georgiens.

Die Stadt liegt im Zentrum der Kaukasus-Landenge und erstreckt sich in einer Gebirgsniederung 21 Kilometer entlang des Flusses Kura. Im Westen wird Tbilisi vom Berg Mtazminda, im Osten von der Hügelkette Machata, im Süden vom Mtabori und dem Gebirgszug Solalaki begrenzt. Entsprechend dem gebirgigen Bodenrelief haben die Stadtbezirke Höhenunterschiede zwischen 380 und 727 m. Viele Wohnviertel wurden in Terrassen an die Hänge gebaut. Als Herren der Stadt galten über Jahrhunderte (wie immer!) Römer, Perser, Türken, im 5. Jahrhundert war Tbilisi oströmische Provinzhauptstadt.

Die sehr schöne Altstadt von Tbilisi war beeindruckend, ein kurzer Rundgang und ein schmackhaftes grusinisches Abendessen mit reichlich örtlichem Wein versprach guten Schlaf.

Dachten wir: Die Klimaanlage funktionierte nicht, da die Stromversorgung des Hotels eingebrochen war!

Am nächsten Morgen das gleiche: kein Strom, man deutete an, dass das im Preis inbegriffene Frühstück ausfallen würde. Ich musste mit der Restaurantleitung streiten, dass wir keinen Zusammenhang zwischen „kein Strom" und „kein Brot, Butter, Milch, Saft etc." sehen würden. Also gab's dann doch Frühstück!

Für den 27. August war eine Stadtbesichtigung durch „Intourist"
organisiert. Mit einer Seilbahn ging es hoch hinaus zum dortigen
Fernsehturm — die Aussicht auf die Stadt und die umliegenden
Gebirge war atemraubend!
Zurück im Ort fuhr man uns zum Basar in der Altstadt. Wir kauf-
ten dort und in den naheliegenden Geschäfte Souvenirs, Schnitze-
reien etc. ein.
Die Altstadt mit den engen Kopfsteinpflaster-Straßen gehört zum
Weltkulturerbe der UNESCO.
Die Sioni-Kathedrale aus dem 5. Jahrhundert, die Metechi-Kirche
der georgischen Könige aus dem 13. Jahrhundert, die
Antschischati-Basilika aus dem 6. Jahrhundert und die Synagoge
waren sehenswert. Durch die schöne Altstadt führte einst die Seidenstraße, ihre alten Karawansereien konnten wir besichtigen.
Die geschnitzten überhängenden Holzbalkone waren noch gut
erhalten, im Bäderviertel Abanotubani stand eine alte Moschee.

In einem schönen Restaurant nahmen wir unter polizeilicher
Überwachung unser Abendbrot ein. Die Elektrizitätsversorgung
war wieder da!

Der 28. August begann früh um 8 Uhr mit der Weiterfahrt nach
Gori, wo wir an einem Berghügel an der Festung Goris anhielten.
Der Name der Stadt stammt von der bis heute erhaltenen Festung
Goris-Ziche (auf deutsch „Festung auf dem Hügel"), die unter
dem Namen Tontio bereits seit dem 7. Jahrhundert in georgischen
Urkunden genannt wurde. Archäologische Forschungen ergaben,
dass sich unter der mittelalterlichen Festung Reste einer noch

älteren Befestigungsanlage befinden, die im 3. bis 2. Jahrhundert
v. Chr. angelegt wurden.

1818 wurde in Gori eine der ersten theologischen Hochschulen
Georgiens gegründet. 1920 wurde die Stadt durch ein starkes
Erdbeben zerstört, das Rathaus wurde von deutschen Kriegsge-
fangenen des Zweiten Weltkriegs erbaut.
Gori ist die Geburtsstadt Josef Stalins. Das Haus, in dem er gebo-
ren wurde und in dem er bis 1883 lebte, ist Teil eines Museums.
Vor dem Rathaus stand seit 1952 ein Stalin-Denkmal. Während
unseres Aufenthalts in Gori sahen wir viele Autos, die Stalin-
Fotos in's Heckfester geklebt hatten.

Kurz hinter Gori besichtigten wir die Ruinen der im
16. Jahrhundert als Schutz gegen die Türkenüberfälle errichteten
Festung Ksanis-Ziche, die alte Georgische Heerstraße, die den
Nordkaukasus mit Tiflis verbindet, die Atheni-Sioni-Kirche aus
dem 7. Jahrhundert und das Höhlendorf Uplistsiche aus dem
6. Jahrhundert v. Chr., hier befand sich damals eine Handelsstati-
on an der Seidenstraße.
Wir frühstückten im dortigen Intourist-Hotel und fuhren dann
weiter nach Kutaisi-Zschaltubo, welches wir nach zirka 250 gebirgigen Kilometern erreichten.
Unterwegs hatten wir auf einem Markt an der Strasse Holz- und
Ton-Vasen gekauft. Auf der alten Georgischen Heerstrasse überholten wir Pilger, die Ikone vor sich her trugen. Als wir anhielten,
sahen wir viele Einheimische, die Wasser aus einer Gebirgsquelle
in Flaschen abfüllten, das taten wir dann auch! Das sprudelnde,
leicht bräunlich gefärbte Wasser schmeckte köstlich.

In Kutaisi-Zschaltubo angekommen, belegten wir wiederum zwei
Zimmer in einem Motel und machten noch einen Rundgang
durch die Altstadt.
Kutaisi ist die zweitgrößte Stadt Georgiens. Im 8. Jahrhundert v.
Chr. war Kutaia die Hauptstadt der Kolchis.

Der Name der Stadt entstammt dem altgeorgischen Wort „Kuata"
und bedeutet „steinig". Im 3. Jahrhundert v. Chr. wurde die Stadt
im Poem „Argonautika" von Apollonios von Rhodos erwähnt.
Vom 10. Jahrhundert bis 1122 war Kutaissi die Residenz der georgischen Könige.

In den folgenden Jahrhunderten war Kutaissi die Hauptstadt des westgeorgischen Königreichs Imeretien. 1666 wurde die Stadt von den Osmanen erobert, 1769 vertrieben russische Korps unter General Tottleben die Türken aus der Stadt. Ab 1810 wurde Kutaissi von Russland annektiert und zur Hauptstadt der gleichnamigen Provinz benannt.

Zurück im Motel genossen wir noch ein schönes Abendessen, der Tag klang langsam aus. Unser Gebirgs-Quellwasser war zwischenzeitlich farb- und geschmacklos geworden, am Flaschenboden hafteten die Mineralien!

Der 29. August brachte uns nahe an's Ziel unserer Reise: Sochumi am Schwarzen Meer.

Dafür waren wir bereits kurz vor 7 Uhr früh gestartet, gegen 10 Uhr hatten wir nach 250 Kilometern den dortigen Campingplatz erreicht — dieser war ernüchternd!

Bei herrlichem Wetter badeten wir bis zum Nachmittag im Schwarzen Meer und im Gebirgsfluss in Campingplatznähe, dann ging's aufgefrischt zur Uferpromenade von Sochumi, welche die Exklusivität des Ortes während der Zarenzeit erahnen ließ. Im teuersten Hotel am Platze, dem „Abchasia", bestellten wir das Abendbrot, es war trotzdem ein netter Abend!

Zur Historie: im 6. Jahrhundert v. Chr. wurde auf dem Gebiet des heutigen Sochumi die griechische Kolonie Dioskurias gegründet. Angeblich sollen die Zwillinge Castor und Pollux den Grundstein gelegt haben. Im römischen und im byzantinischen Imperium war die Stadt als Sebastopolis bekannt.

Unter osmanischer Herrschaft wurde die Stadt zur Festung ausgebaut. Im 19. Jahrhundert wechselte Sochumi mehrfach den Besitzer. 1810 fiel die Stadt an Russland.

Der 30. August begann wiederum sehr früh - um 6 Uhr starteten wir von Sochumi und fuhren bis zum Kap Pizunda mit sehr schöner Aussicht auf das Meer und die Gebirgslandschaft im Hintergrund.

Die abchasische Gastfreundschaft zeigte sich erneut — wir erhielten kostenlos ein fürstliches Frühstück!

Am Nachmittag erreichten wir den Campingplatz „Tschernomorez" (das heißt „Schwarzes Meer ") in Sotchi - DEM Badeort am Schwarzen Meer!

Die Rezeption des Camping handelte „marktwirtschaftlich" — nach Zuzahlung von 30 Rubel erhielten wir zwei Dreibett-Bungalows in vorderster Front — geht doch!

Sotschi ist einer der beliebtesten Bade- und Kurorte Russlands.

Die Umgebung der Stadt wird häufig als „Riviera des Schwarzen Meeres" bezeichnet, da wir die „richtige" Riviera nicht kannten, mussten wir der Werbung trauen!

Den Rest des Nachmittags verbrachten wir beim Sonnen und Baden im Schwarzen Meer - die Temperaturen lagen am Ende des 30-er Bereichs!

Zum Einschlafen gab's noch eine Flasche Rotwein - diesmal nicht kostenlos.

Nach langer und ereignisreicher Hinfahrt zum Ziel Sotchi kam heute, am 31. August, die „Periode der Erholung": Baden, Sonnen, Faulenzen, braun brennen lassen!

Am späten Nachmittag ging's noch bei untergehender Sonne zum Aussichtsturm auf dem Berg Achun, der uns mit einer traumhaften Aussicht auf das Gebirge und das Meer belohnte.

Als Dank spendierten wir ihm am Abend eine Flasche Sekt.

Am 1. September fuhren wir als Bestandteil der gebuchten Reise mit einem Intourist-Bus über Gabra zum mitten im Gebirge liegenden Riza-See, den wir um 11 Uhr erreichten.

Der See befindet sich in einer vom Menschen weitestgehend unberührten Waldlandschaft in 950 m Höhe, inmitten von 2.200 bis 3.500 Meter hohen Bergen des Kaukasus. Am Nordufer des Riza-Sees hatte Stalin eine Sommerresidenz, auch hier fuhren noch etliche Autos mit einem Stalinbild auf der Windschutzscheibe.

Am See angekommen, konnte man mit Motorbooten auf dem kristallklaren See über's Wasser jagen, wir waren begeistert! Direkt am Ufer aßen wir in einem der  schön gelegenen Restaurants zu Mittag, badeten auf der Rückfahrt nochmals in Gagra, bis wir am Abend wieder Sochi erreichten.

Für den 2. September hatten wir uns mit einer Berliner Familie
für eine Gebirgstour nach Krasnaja Poljena verabredet.
Der Ort liegt ostnordöstlich von Sotschi auf etwa 600 m Höhe im
Tal der Msymta. Er ist umgeben von den Bergen des Kaukasus,
die hier Höhen von über 3.000 m (Tschugusch, Pseaschcha,
Zachwoa) erreichen und teilweise vergletschert sind. Im Sommer
ist Krasnaja Poljana ein stark bevölkertes Wander- und Touren-
gebiet mit alpinem Charakter.
Um 6 Uhr früh gestartet, gelangten wir über atemraubend aus den
Felsen geschnitten Straßen dort hin, die Landschaft war be-
rauschend schön!

Zurück in Sotchi genossen wir das herrliche Sommerwetter am
Meeresstrand. Im Ort versuchten wir noch, eine Schiffsfahrt zurück bis zur Krim zu buchen, das war, wie wir auch erwarteten,
nicht möglich.

Ein mir im Ort angebotener Maiskolben erwies sich als nicht ma-
genfreundlich - er begleitete mich mehrere Tage und Nächte!

Den 3. September, dem letzten Tag in Sotchi, verbrachten wir
ganztägig am Meer bei hohem Wellengang und Dauersonne. Am
Nachmittag packten wir schon unsere Koffer und kauften nochmals für 150 Liter Benzin-Talons.


Der 4. September wartete noch mit einem Höhepunkt unserer
Reise auf:

Früh am Morgen fuhren wir zum Flugplatz „Adler", uns erwartete dort ein russischer Hubschrauber, der einen Rundflug über den
Kaukasus und die Schwarzmeerküste startete! Ein tolles Erlebnis,
mit einem Hubschrauber waren wir noch nie unterwegs gewesen.

Die Aussicht auf das unter uns auftauchende Kaukasusgebirge und die Küstenlinie des Schwarzmeers waren wunderschön, als Bordmusik dröhnte der Propeller!

Voller Freude, wieder gesund gelandet zu sein, führte uns der erste Tag des Rückwegs über etwa 300 Kilometer nach Krasnodar, welches wir gegen 16 Uhr erreichten.
Das dortige Motel bot gepflegte Unterkunft und schmackhaftes zum Abendessen.
Nur: Es gab für die Kinder nur Wasser zu trinken - oder hochprozentiges!
An einem der Nebentische sahen wir, wie zwei russische Offiziere etwas „Braunes" zu trinken bekamen. Ich fragte beim Kellner nach, ob das Cola wäre, die würden unsere Töchter auch gern trinken — der Kellner verneinte — das wäre Wodka!
Ich bestellte daraufhin zwei dieser Gläser Wodka mit brauner Farbe und schäumend — wir bekamen Cola!

Nach dem Frühstück (mit Cola für die Kids) führte uns die Rückreise am 5. September nach Rostov am Don, wo wir nach zirka 300 Kilometern eintrafen.
Das Gebiet um die heutige Stadt war bereits in der Antike besiedelt, ausserhalb der heutigen Stadtgrenzen befand sich die griechische Kolonie Tanais. Später wurde die Region eine genuesische Kolonie und gelangte Ende des 15. Jahrhunderts schließlich an die Osmanen, wenngleich die

Saporoger Kosaken häufige Feldzüge bis ans Asowsche Meer unternahmen. Im 18. Jahrhundert, nach mehreren Kriegen mit den Osmanen, übernahm Russland endgültig die Kontrolle über die nördliche Schwarzmeer-Region und das Kaukasusgebiet.
Wir erhielten den gleichen Bungalowtyp wie auf der Hinreise (diesmal Nr. 41), nahmen im Campingrestaurant unsere Mittagessen ein und fuhren zur Besichtigung in die Altstadt von Rostov, kauften mehrere deutschsprachige Bücher — in der DDR verlegt, jedoch im Buchhandel dort nicht erhältlich — und kehrten zufrieden zu unserem Bungalow zurück.
Die Kinder tranken zum Abendessen Cola, mein Maiskolben zeigte immer noch Wirkung.

Am 6. September fuhren wir vormittags von Rostov am Don nach Krasnodar, wo wir uns in einem Museum die Geschichte der Donkosaken ansahen.
Die untere Etage war interessant, darüber ging's dann ohne Umschweife mit Lenin und Stalin weiter — wir mussten jedoch hier leider, leider weiter!
Um 17 Uhr erreichten wir Charkow, dort hatten wir das gleiche Motel wie auf der Hinreise, wir kauften im Ort schöne Souvenirs (so schön können diese aber nicht gewesen sein — ich habe vergessen, was wir erstanden hatten!).
Im Motel gab's mit weiteren Ostdeutschen a Flascherl Sekt zum Abendessen.

Am 7. September, früh um 7 Uhr 30 abgefahren, kamen wir um
10 Uhr in Poltava an. Hier wurde ausgiebig gefrühstückt, dann
fuhren wir weiter bis nach Kiev, wo wir am Nachmittag eintrafen. Auf dem Weg dorthin hatten wir kurz vor der Stadt eine Reifenpanne, zum Kiever Motel gehörte jedoch auch eine
Autowerkstatt, für einen Obolus von 5 US-Dollar wurde der Reifen repariert — man kannte sich mit Devisen aus!

Der 8. September, der letzte vollständige Tag in unserer UdSSR-
Reise, begann mit der Abfahrt aus Kiev gegen 9 Uhr, wir hielten
im Zentrum von Shitomir zu einem Frühstück und zum Kauf weiterer Souvenirs (es gab schöne Gläser!) und kamen am frühen
Nachmittag in Rovno an.
Unser bereits von der Hinreise bekanntes Hotel „MIR" (immer
noch „Frieden") erwartete uns. Ein kurzer Spaziergang durch den
Ort und schon lagen wir in den Betten - der morgige Tag würde
spannend werden!

Wir hatten die russischen Grenzer unterschätzt!
Früh um 5 Uhr fuhren wir von Rovno in Richtung russischer
Grenze, dort waren wir gegen 8 Uhr angekommen und — nun
kam die Überraschung — wurden sofort abgefertigt!
Auf der Rückfahrt gab's noch ein Problem mit einem elektri-
schen Regler (ob diese Anmerkung korrekt ist, kann ich nicht
behaupten), die Autowerkstatt in Przemysl fand schnell den Fehler.

Bei Krakow gab's ein kleines Mittagessen, etwa um 20 Uhr waren wir an der DDR-Grenze angekommen, um 22 Uhr öffneten wir unsere Wohnungstür in Berlin.

Fazit: insgesamt 8300 Kilometer gefahren, ca. 780 Liter Benzin verbraucht, einstimmige Abstimmung: ein fantastischer Urlaub!

# Vier Wochen durch die Tschechoslowakei und Ungarn nach Rumänien und zurück
## Reise vom 3. August bis zum 31. August 1981

Unser Sommerurlaub im Jahr 1981 war nun wiederum anders als die Reisen durch die Sowjetunion: wir konnten nun wieder über unsere Reiserouten frei verfügen!

Zudem war es nun schon komfortabler als in den Jahren zuvor: wir hatten uns einen Wohnwagen „BASTEI" zugelegt!

Wie beim Kauf von Autos war auch bei Wohnwagen eine lange Wartezeit in Kauf zu nehmen. Beim Abholen des Caravans stellte ich fest, dass die Fenster aus normalem Fensterglas waren, im Kaufvertrag waren jedoch Acrylglasfenster vorgesehen, diese waren bedeutend leichter als die Glasfenster. Die obligatorische Antwort der Angestellten im Verkauf lautete: „wenn Sie den „BASTEI" wie gesehen nicht haben wollen, nimmt ihn der Nächste!"

Wir nahmen den „BASTEI" wie dieser vor uns stand - wie waren die Nächsten!


Also nun mit „BASTEI" nach Rumänien.


Am 3. August ging es endlich los!

Früh aus Berlin abgefahren, erreichten wir mit unserem Gespann „WARTBURG „Tourist" + „BASTEI-Wohnwagen" hinter Dresden den  Grenzübergang Bahratal, die Abfertigung war überraschenderweise schnell, so daß wir am späten Nachmittag bereits kurz vor Prag einen Rastplatz suchten und an einer Landstrasse auch fanden. Meine Idee kam nicht besonders gut an: mit einsetzender Dunkelheit donnerte eine unendliche Schlange von Pkw, Lkw, Motorrädern und Traktoren an unserem Liegeplatz vorbei - man lernt eben nie aus!

Am Morgen des 4. August frühstückten wir königlich im „BAS-
TEI" und fuhren gegen 9 Uhr in Richtung Prag, das wir am Vormittag erreichten.

Die Besiedlung des Gebietes des heutigen Prags reicht bis ins
Paläolithikum zurück. Die Landschaft gehörte während der Ur-
und Frühgeschichte zu den am dichtesten und besiedelten Land-
schaften Böhmens. Hier siedelten die keltischen Boier, dann über
500 Jahre die Markomannen. Slawische Gruppen stießen in der
zweiten Hälfte des 6. Jahrhunderts in das Gebiet vor. Im
9. Jahrhundert wurde die Prager Burg mit dem Suburbium und im
10. Jahrhundert eine zweite Burg auf dem Vyšehrad angelegt. Im
Schutz der Burgen entwickelten sich an der Moldau Ansiedlun-
gen einheimischer Handwerker sowie deutscher und jüdischer
Kaufleute.

Auto und Caravan abgestellt, machten wir einen geruhsamen
Rundgang durch die historische Stadt, warteten auf den Glocken-
klang am Rathaus, speisten im bekannten „U Fleku", einer mittelalterlichen Gaststätte mit schönen Aussenbereich (natürlich
gab's Gulasch mit Knödel und im „U-Fleku" gebrautes Schwarz-
bier), flanierten bei sommerlichen Temperaturen über den
Wenzelsplatz - Prag war wieder sehr schön.

Erinnerungen kamen in mir hoch, war ich doch als Student nach
einer Rucksack-Tour durch Ungarn am 21. August 1968 mit dem
Zug in Prag angekommen. An dem Tag marschierten die „Rote
Armee" der Sowjetunion als auch, und das kam erst später an die
Öffentlichkeit, die „Nationale Volksarmee" der DDR in der

Tschechoslowakei und speziell in Prag ein — der „Prager Frühling" sollte mit aller Macht beendet werden.

Die Prager hatten sämtliche Strassenschilder abmontiert, so dass die russischen Soldaten, in Mehrheit aus den asiatischen Sowjetrepubliken und „blutjung", völlig orientierungslos mit ihren Militärfahrzeugen und auch Panzern herumfuhren. Auf dem Wenzelsplatz kam es zu gefährlichen Situationen mit Panzerbesatzungen, ich schlief in einem Eisenbahnabteil im Bahnhof. Am nächsten Tag, vollgepackt mit Flugblättern tschechischer Zeitungen, machte eine Information die Runde, dass vor der amerikanischen Botschaft ein Bus Richtung DDR-Grenze bei Bad Schandau abfahren würde. Es gelang mir, diesen Bus zu erreichen. Während der Fahrt bis zur DDR-Grenze warf der Busfahrer nach jeweils langem Hupen in den Durchfahrtsorten stossweise Flugblätter aus dem Fenster, Soldaten der Volksarmee der DDR waren auf dem Weg in die CSSR!

Zurück in der DDR, berichteten die dortigen Zeitungen von den glücklichen Tschechen, die von den Russen und Ostdeutschen befreit wurden!

Es waren ereignisreiche Tage, die wesentlich auf meine politische Einstellung einwirkten.

Nun waren meine Gedanken wieder zurück im Prag von 1981. Am frühen Nachmittag ging's mit unserem Gespann über die Prager Stadtautobahn in Richtung Brno. In Ledec verließen wir die Autobahn, legten an einem schönen See eine Badepause ein, fuhren dann bei Jihlava wieder auf die Autobahn bis Breclav, wo wir einen einwandfreien Autobahnparkplatz erreichten, auf dem wir übernachteten.

Nach schmackhaftem Frühstück im Wohnwagen führte uns gegen 8 Uhr die Autobahn über Bratislava zur ungarischen Grenze,
die wir kurz nach 9 Uhr
erreichten.
Nach zügiger Grenz-Abfertigung fuhren wir nach Györ und
staunten über das für Ostdeutsche riesige Warenangebot in Ungarn, da kam die DDR bei weitem nicht mit.
In einem nahen Strandbad an der Donau blieben wir bei herrlichem Wetter bis gegen 17 Uhr, dann kam unsere letzte heutige
Etappe - Budapest!
Unser Ziel war der uns bereits bekannte Campingplatz „Romai
Camping", für 3 Nächte erhielten wir einen schönen Wiesenplatz,
Kosten insgesamt 362 Forint.
Mit der Bahn vor Ort fuhren wir noch am Abend nach Budapest
und genossen den angenehmen Sommerabend. Von Berlin bis
hier nach Budapest waren wir etwa 900 Kilometer gefahren.

Über die wunderschöne Hauptstadt Ungarns hatte ich bereits zur
unserer Reise im Jahr 1976 berichtet.

Für den 6. August gab es nur ein Ziel: Einkaufen und Geniessen
in Budapest.
Hosen, Pullover, Haarspangen in riesigen Mengen für die Töchter, für mich LP's von „The Beatles" und „The Police" — es war
grandios und teuer!
Am frühen Nachmittag ging's zurück zum Romai-Camping, im
direkt neben dem Camping befindlichen Romai-Bad  genossen
wir das wunderschöne Sommerwetter bei Baden und Sonnen.

Den 7. August genossen wir im Romai Fürdö-Bad (Eintrittspreis Erwachsene 12 Forint, Kinder 6 Forint - unter 140 cm!) ausgiebiges Baden und Sonnen, zum Lunch gab's Hot Dogs (in der DDR unbekannt), zwischenzeitlich lagen die Temperaturen bereits um die 30 Grad.

Am Nachmittag gegen 16 Uhr fuhren wir mit dem HEV (der ungarischen Strassenbahn) nach Budapest bis zum Batthyanny-Platz, dann weiter bis zur Bela-Bartok-Strasse, spazierten über die Einkaufsmeile Vaci ut - wir kamen uns vor, als ob wir in Paris waren, keiner von uns kannte jedoch Paris.

Von der warmen Luft ermattet, ging's am frühen Abend zurück zum Campingplatz.


Der 8. August führte uns am Vormittag der HEV zum Strandhotel an der Ürömi Utja, nur eine Bahnstation vom Camping entfernt. Dort konnte man, etwas ruhiger als auf dem Campingplatz, bei wiederum wunderschönem Wetter baden und sonnen.

Zurück am Romai-Fürdö genossen wir noch einen Kaffee am „BASTEI"-Wohnwagen, gegen 17 Uhr kam dieser dann an die Anhängerkupplung und, Budapest verlassend, fuhren wir auf ruhigen Landstrassen in Richtung Miskolc. Gegen 20 Uhr parkten wir an einem Feldweg an der Landstrasse, um dort zu übernachten. Ab zirka 21 Uhr wurden wir durch ein starkes Gewitter geweckt, es regnete Katzen und Hunde (englisches Sprichwort!), die Blitze kamen im Sekundentakt - und wir standen im „Bastei" auf nahezu freiem Feld,der Faraday'sche Käfig hatte uns wohl gerettet.

Nach wenig Schlaf standen wir am 9. August schon um 7 Uhr auf - draussen heller Sonnenschein - die Gesichter strahlten wieder. Nach dem Frühstück im Campingwagen fuhren wir zirka 2 Stunden bis Miskolc, welches wir gegen 10 Uhr erreichten. Wir fuhren direkt zum Grottenbad in Miskolc-Tapolca und waren von der Badeanlage begeistert. Der nahe liegende Campingplatz „BORSOD TOURIST" im Wald war angenehm, zum Abendessen gab's Langos und ungarische Würstchen. Die Dame an der Rezeption stufte mich als „Student" ein - ich war damals 34 Jahre alt!
Die Nacht wartete wieder mit ungeheurem Gewitter auf, der Wald filterte jedoch die ständigen Blitze aus.
Am Morgen des 10. August besichtigten wir die schöne Altstadt von Miskolc.

Die Gegend  war schon in der Jungsteinzeit bewohnt, die ältesten archäologischen Fundstücke sind etwa 70.000 Jahre alt. Die ältesten Bewohner der Gegend waren die Kelten. Anstelle der heutigen Diósgyőrer Burg stand schon vor der Ansiedlung der Magyaren eine Festung. Die Stadt bekam ihren Namen von der altungarischen Großfamilie Miskóc, und wurde bereits im Jahr 1173 erwähnt. Die Familie Miskóc verlor diese Gebiete 1312, weil sie in den Kämpfen gegen König Karl I. Robert den Máté Csák unterstützt hatten.

Der König teilte nun das Land der Familie Széchy zu, unter deren Führung die Ortschaft sich zur Stadt entwickelte.
Natürlich musste auch wieder eingekauft werden, die Verführungen waren doch zu groß!

Am Nachmittag wieder baden und sonnen in Tapolca, dann verließen wir am Abend den „BORSOD TOURIST"-Campingplatz. Der Grund? Wir hatten am Grottenbad einen grossen Parkplatz gesehen, auf dem eine ganze Reihe von überwiegend DDR-Campern über nachteten. Das taten wir dann kostenfrei auch. Vor den  Wagen erfolgte dann bei ungarischem Rotwein ein intensiver Erfahrungsaustausch bezüglich Campingplatz-Qualitäten /Einkaufsmöglichkeiten/preiswerte Stellplätze etc. — es wurde spät!
Zur Erklärung: es lag bei den Reisenden aus der DDR häufig nicht am mangelnden „Kleingeld" — man musste immer rechnen, wie viel man von den in der DDR erhaltenen „Valuta" Kronen/Tschechoslowakei, Forint/Ungarn und Lei/Rumänien erhalten hatte. Die jeweiligen Währungen waren nicht kompatibel, in keinem der genannten Länder konnte man Ostmark in Kronen-Forint-Lei umtauschen — auch untereinander nicht. Ausweg wäre: „Westmark - Dollar - Pfund" — überall gern angenommen und eingewechselt, leider bei uns: nicht ausreichend „vorrätig"!


Bei wechselhaftem Wetter führte unser Wartburg „Tourist" (der Campinganhänger blieb auf dem Parkplatz in Miskolc) nach Lillafüred. Während des schönen Spaziergangs am dortigen See wurden wir „ohne Warnung" von einem Starkregen überrascht. Völlig durchnässt wieder zurück auf dem Parkplatz in Miskolc, wurden Wartburg „Tourist" und „BASTEI" geputzt und danach noch ein letztes Bad in Tapolca genossen. Am Abend kam dann wieder die ostdeutsche „Campingplatzgemeinde" beim Wein zusammen, neben uns parkte jetzt auch ein Wartburg mit „Friedel"-Campingwagen.

Den Vormittag des 12. August genossen wir noch einmal bei Baden und Sonnen im wunderschönen Bad in Tapolca, der „Wohnwagenpark" lag direkt daneben.
Nach freundlicher Verabschiedung von den stets wechselnden Nachbarn ging's nun weiter nach Tokaj in's (speziell im Osten!) „welt-bekannte" Weinbaugebiet.
Gegen 18 Uhr waren wir dort angekommen und fanden einen schönen Platz am Flussufer der Theiss mit schatten-spendenden Bäumen — die Brücke über den Fluss führte direkt in die Weinkeller!
Im „Tokaj-Hotel" gab's ein saftiges Abendbrot mit „Tokaj-Edes"-Wein, was für ein Tag!

Die in Tokaj heute als Burg von Rákóczi genannte Festigungsanlage wurde zuerst vom Notar von König Béla III. um das Jahr 1172 beschrieben. Dieser Notar war zugleich der in Ungarn berühmteste Schriftsteller seiner Zeit, der sich Anonymus nannte.

Die Stadt wurde 1353 zum ersten Mal erwähnt, spätestens im 14. Jahrhundert entstand hier eine Burg aus Stein. Nach 1450 war Tokaj Eigentum der Familie Hunyadi, so dass mit dem Thronantritt Matthias Corvinus' die Stadt königliches Eigentum wurde.

Am 13. August (jeder in der DDR dachten an den 13. August 1961!) wollten wir den schönsten Weinkeller „Rakicz" besuchen, aufgrund einer großen Gesellschaft wurden wir jedoch nur kurz hereingelassen.

So genossen wir im Bad an der Thiess den sommerlichen Nachmittag.

Am Abend trafen wir unsere Campingwagen-Nachbarn aus Miskolc auf dem Platz in Tokaj wieder, gemeinsam verbrachten wir in einer Pinte mit viel Wein und Zigeunermusik (das durfte man damals noch so nennen!) einen erlebnisreichen Abend.

Der Wein wurde aus einem Glasballon serviert, der, über der Schulter des Kellners hängend, in einer immer enger werdenden Öffnung mündete. Die Kellner konnten - etwa einen Meter entfernt - zielgenau den Wein in die leeren Gläser füllen.

Nicht umsonst gilt die Stadt als das Zentrum des ungarischen Tokajer Weingebiets und ist eine Touristenattraktion ersten Ranges.

Nach Ausschlafen eines merkbaren Rausches verliessen wir am 14. August vormittags Tokaj in Richtung Rumänien.

Gegen 14 Uhr erreichten wir die Grenze bei Satu Mare.

Weiter ging's bis zum Stausee „Baila Mare", am dortigen Stausee sollte es einen schönen Campingplatz geben. Da wollten wir jedoch nicht bleiben und fuhren zurück  zum Stausee. Dort wurde gerade ein neues Hotel gebaut, das war jedoch auch noch nicht bezugsfertig! Also stellten wir uns auf einer schönen Wiese auf und genossen das angenehme Wetter eines Sommertages, des ersten in Rumänien.

Bei Sonnenuntergang erhielten wir Besuch — mehrere Männer und Frauen in rumänischer Tracht kamen zu unserem Stellplatz und wollten einen Blick in unseren Caravan wagen — sie hatten noch nie einen Campingwagen gesehen! Wir liessen sie nacheinander hinein — überall freundliche und staunende Gesichter.

 Ich verstand (also: glaubte, zu verstehen), dass sie uns am nächsten Morgen kostenlos ein Paddelboot leihen würden, mit dem wir den Stausee erkunden könnten.

Am Morgen des 15. August - etwas skeptisch - gingen wir zum Stausee hinunter, dort standen schon einige Rumänen aus der gestrigen Bekanntschaft, erklärten uns die Funktionsweise eines Ruderbootes und ließen uns allein für einige Stunden den grossen See und die wunderschönen Wiesen erkunden.


Am frühen Nachmittag gaben wir das Boot zurück, nach freundlichen und dankbaren Umarmungen verließen wir mit unserem Gespann die Wiese am Stausee in Richtung Sapinta.

Auf dem Weg machten wir jedoch noch Halt in Baila Mare.

Die Stadt liegt am Westrand der Ostkarpaten unweit des Gutâi-Gebirges, durch die Stadt fließt der Fluß Săsar. Die älteste urkundliche Erwähnung stammt aus dem Jahr 1142, als der ungarische König Géza II. in Frauenbach Deutsche ansiedeln ließ.

Wir besichtigten vom Kirchturm aus die mittelalterliche Stadt und fuhren dann durch phantastische Ortschaften mit Holzhäusern und kunstvoll geschnitzten Umzäunungen nach Sigitu Margatei (?), wo wir gegen 18 Uhr eintrafen. Die Männer hier trugen weite, weiße Baumwollhosen und bestickte Oberteile, die Frauen trugen kunstvolle Trachtenkostüme.

Die Fahrt dahin hatte einige starke Steigungen, unser Wartburg „Tourist" pfiff auf dem letzten Loch.

Ein einfacher Campingplatz hinter einem Hotel, in dem wir zu
Abend aßen, wurde unser Domizil für eine Nacht.


Am 16. August führte unsere Reise schon am frühen Morgen
nach Sapinta. Den Caravan hatten wir in Sigitu Marmatei gelassen.
Sapinta ist weltbekannt!
Ziel unseres Besuches dort war der „fröhliche Friedhof": Die
Grabsteine — also hier „Grabhölzer" - alles wurde geschnitzt!
Auf dem naheliegenden Friedhof und in den zahlreichen Schnit-
zereien in schönen Gärten staunten wir über die Kunstfertigkeit
der Grabkreuze. Es gab viel zu Schmunzeln, als
Beispiel: ein Dorfbewohner, angetrunken oder volltrunken, wurde von einem Auto überfahren. Der hölzerne Grabstein zeigte,
heraus geschnitzt, in Farbe (!) einen schwankenden Mann in
Baumwolltracht, den gerade ein Auto überrollte. Im Versmaß
eines lustigen Volkslieds war die Episode Buchstabe für Buchstabe heraus gearbeitet.
Der ganze Friedhof war voll mit Geschichten-Hölzern, die zum
Lächeln aufforderten.
Der 16. August 1981 muss ein Sonn- oder Feiertag gewesen sein,
auf dem Marktplatz wurden Volkstänze getanzt, es wurde musiziert - alles in einer schlimmen Diktatur! Wir sollten noch an
einer Bauernhochzeit teilnehmen (die Dorfbewohner hielten unser Auto einfach an), wir bedankten uns herzlichst und fuhren
leider nach Sigitu Marmatei zurück — wir haben das lange be-
reut!

Zurück dort, badeten wir im Flüsschen hinter unserem Caravan
und beendeten den ereignisreichen Tag im Hotelrestaurant bei
mäßigen und teuren Speisen — eine Preiskarte war leider nicht
vorhanden.

Am 17. August starteten wir, nun wieder mit Auto und Wohnwagen, in Richtung Nasaud, wie waren schon hoch in den Bergen,
das Auto stöhnte!

Unterwegs besuchten wir mittelalterliche Holzkirchen, einen
Pferdemarkt (wo sieht man so etwas sonst noch?) und einen
schönen Platz zum Baden an einem Gebirgsfloß hinter dem Örtchen Sacel, wo wir auch zu Mittag aßen.

Dort parkten auch zwei Berliner Autos mit je einem Camping-
wohnwagen Marke „Queck", wir tauschten unsere Erfahrungen
aus.

Über Dej ging's weiter bis zum grösseren Ort Cluj, wo wir am
frühen Abend auf einem schönen Campingplatz eincheckten.

Bei einem Glas rumänischen „Murfatlar-Weins" beendeten wir
den ereignisreichen Tag.


Am Morgen des 18. August verließen wir nach einem Frühstück
im „BASTEI" den Campingplatz und fuhren in den Ort Cluj hinein.

An der Stelle des heutigen Cluj befand sich in prähistorischer
Zeit eine Siedlung. Nach Eroberung Dakiens durch die Römer
unter Kaiser Trajan wurde diese Dakersiedlung Napoca zu einem
Lager für römische Legionäre ausgebaut, die zivile Siedlung
entwickelte sich zu einem bedeutenden Mittelpunkt. Unter Kaiser
Hadrian erhielt Napoca die Rechte eines Municipiums und hieß

jetzt „Municipium Aelium Hadrianum Napoca". Unter Kaiser
Marcus Aurelius erfolgte die Gründung einer römischen Kolonie.
Um das Jahr 250 ging die Siedlung infolge von Plünderungen der
Germanen und Karpen und dem Abzug der romanisierten Bevöl-
kerungsschicht unter.

Wieder erlebten wir einen historischen Ort mit schönen Gebäuden in der Allstadt, wir schlenderten durch die Gassen und nach
einem rumänischen Mittagessen führte unsere Weiterreise über
Oradea zum Kurort Baile Felix.

Um die Campingplatzgebühr zu sparen, hatten uns die Berliner
„Queck-Fahrer" empfohlen, unser Gespann außerhalb am Zaun
des Badekomplexes aufzustellen — wir taten das dann auch, die
Idee hatten jedoch viele DDR-Camper! Der Zaun war an vielen
Stellen „durchgängig", Kontrolle gab's nicht.

Am nächsten Morgen, dem 19. August, badeten und sonnten wir
uns bei strahlendem Himmel im Thermalbad Bale Felix, die
Temperaturen der Bäder lagen weit über 25 Grad ! In der Mitte
des riesigen Bäderkomplexes stand ein viereckiges Büdchen mit
herunter gelassenen Rollos, es gab nirgendwo etwas zu essen
oder zu trinken. Da sich an dem Büdchen lange Schlangen
entwickelten, nahm ich an, dass es, nach Öffnung der Jalousien,
Getränke geben würde.

Nach Hochziehen derselben kam die Ernüchterung: es gab nur
kleine Kissen mit Bade-Shampoo, 3x3 Zentimeter gross!

Erfrischungsgetränke, Eiscreme, Essen: Fehlanzeige! Die Einheimischen nahmen es gelassen und fingen an, sich unter den vielen Duschen einzuschäumen - ich erspare mir weitere Details!

Wir brachen am frühen Nachmittag die bisherigen Erlebnisse ab und fuhren mit Auto und Wohnwagen in's Zentrum von Oradea, Parken war nirgendwo ein Problem. Wir kauften sehr schöne Wein- und Sektgläser, tankten den Wartburg „Tourist" und fuhren bis zur rumänisch-ungarischen Grenze.
Trotz langer Autoschlange verlief die Kontrolle zügig, so daß wir bereits gegen 18 Uhr in Nähe der ungarischen Stadt Debrecen auf einem grossen Parkplatz am Stadtbad übernachteten.
Am 20. August fuhren wir in's Stadtzentrum der schönen Stadt Debrecen.
Wir wurden völlig überrascht: es war der Tag des Blumen-Karnevals!
Wie oft im „West-Fernsehen" in Ost-Berlin den Rosenmontagszug in Köln bewundernd, gab's das hier direkt vor uns!
Die Wagen waren über und über mit verschiedensten Blumen geschmückt, die Wagenparade war überschaulich, aber, auch durch die folkloristischen Kostüme der „Debrecener" auf den Wagen, eine Augenweide!
Nach dem letzten Blumenwagen genossen wir ein ungarisches Mittagessen (natürlich irgend etwas mit Gulasch), besuchten noch das Thermalbad und machten uns gegen 17 Uhr auf den Weg nach Hortobagy - mitten in der ungarischen Puszta.

In der Hortobagy-Puszta stellten wir bei Lagerfeuer und sommerlichen Abendtemperaturen unseren Campingwagen direkt auf die Wiese - einfach herrlich!

Am nächsten Morgen, dem 21. August, fuhren wir die wenigen Kilometer nach Hortobagy - dem Beginn der „Hortobagy-Festspiele"!

Die Puszta von Hortobágy ist das größte und bekannteste mitteleuropäische Steppengebiet, hier kommen 90 Prozent der einheimischen Vogelarten vor. Es sind seltene und streng geschützte Tierarten zu finden, wie beispielsweise Trappen, Rotfußfalken, Moorenten, verschiedene Reiherarten, Kormorane, Brachschwalben, Seeadler und im Herbst bis über 100.000 Kraniche.

1979 wurde der Kern mit 32.037 Hektar ein Feuchtgebiet internationaler Bedeutung, im selben Jahr wurde er auch als UNESCO-Biosphärenreservat anerkannt.

 Auf den Wiesen an der uralten Hortobagy-Brücke mit ihren 9 Durchbrüchenwurde folkloristisch getanzt, gesungen, musiziert, eine Bude reihte an die andere, es war sagenhaft voll.

Wir blieben bis zum Nachmittag, koppelten den „Bastei" an und fuhren über Tiszafüred zur Autobahn in Richtung Budapest, welches wir gegen 17 Uhr erreichten.

An der Margarethenbrücke gab's kostenlose („wilde") Parkmöglichkeiten für Auto und Campingwagen, die nahmen wir gern an. Ein schöner Spaziergang am Ufer der Donau beendete einen bemerkenswerten Tag.

Bei wunderschönem Sommerwetter fuhren wir (ohne Campinganhänger) zum Thermalbad Szecheniy, hier konnte man unter freiem Himmel Baden, Sonnen, in die Sauna gehen, Schach spielen im 30 Grad warmen Wasser (das taten die Einheimischen mehrheitlich!) , und den lieben Gott einen guten Mann sein lassen.

Auf Wunsch der Töchter sahen wir uns am späten Nachmittag den amerikanischen Spielfilm „Planet der Affen" an, es gab ungarische Untertitel, ohne amerikanischen Originalsound hätten wir kein Wort verstanden.

Man musste den Film jedoch auch nicht verstehen!

Bei Sonnenuntergang machten wir noch einen letzten Spaziergang - Margit-Hid, Parlament, Lancz-Hid - einfach wunderschön.

In einem Berliner Restaurant gab's ein Berliner Abendbrot, ich weiss nicht mehr, was es da gab.

Der 23. August kam mit verbesserungs-würdigem Wetter, wie besuchten noch die Fischerbastei und die Burg, dann zurück zum Wohnwagen, in dem wir unsere Mittagessen einnahmen.

Budapest verliessen wir wehmütig am frühen Nachmittag, an der ungarisch-slowakische Grenze nutzten wir unsere letzten ungarischen Forint zum Volltanken und gelangten hinter Bratislava auf eine Raststätte an der Autobahn Richtung Prag — diese Idee hatten viele! Zum Abendbrot gab's Maggi-Suppe und ein „Steffen-Bier" aus rumänischem Stumpen.

Der 24. August war der letzte Tag unserer Reise.

Nach dem Frühstück führte unsere Rückfahrt auf der Autobahn bis Jihlava, von dort ging's „über die Dörfer" nach Kutna Hora.

Der Ort wurde bereits im 12. Jahrhundert als Bergmannssiedlung gegründet. Gegen Ende des 13. Jahrhunderts entwickelte sie sich infolge des Silberbergbaus und der Prägung der Prager Groschen zu einer der wohlhabendsten Städte Böhmens. Kutna Hora war mittlerweile die nach Prag zweitgrößte Stadt Böhmens geworden. In Folge der Hussitenkriege zu Beginn des 15. Jahrhunderts wurde ein großer Teil der Bevölkerung getötet, heute gehört die Altstadt von Kutna Hora zum UNESCO-Weltkulturerbe.

Wir besichtigten das „Beinhaus" mit unzähligen, kunstvoll arrangierten Knochen von während einer Pestepidemie Verstorbenen, das war zum Glück vor hunderten Jahren.

Über Prag, wo wir eine schlimme Umgebungsstrasse erwischten, ging es in Richtung DDR-Grenze bei Zinnwald mit dort anderthalb Stunden Aufenthalt.

Nach endlos scheinenden Kontrollen erreichten wir am Abend den Stadtrand von Dresden.

Wir wollten in einem „Restaurant" noch ein schnelles Abendbrot einnehmen - der Wirt hatte jedoch nur noch ein Ei anzubieten — da war's gerade um 18 Uhr - am Samstag! Also volltanken des „Wartburg" (Benzin gab's noch), die vollkommen leere Autobahn brachte uns bis Berlin, welches wir nachts um 1 Uhr erreichten.

Wir fielen in die Betten!


In unserem Urlaub 1981 waren wir  3278 Kilometer gefahren.

# Drei Wochen in die UdSSR (Ukraine, Russland und Estland) und zurück

## Reise vom 3. August bis zum 25. August 1983

Unsere Reise, die wir mit den zwei Töchtern und unseren Freunden und Sohn antraten, begann am Nachmittag des 3. August.

Gegen 19 Uhr waren wir an der deutsch-polnischen Grenze angekommen, eine schleppende Abfertigung erforderte eine Stunde, bis wir in Polen weiterfahren konnten.
Kurz vor Warschau, welches wir gegen 2 Uhr Morgens erreichten, schliefen wir einige Stunden in unseren Autos, etwa um 5 Uhr ging dann unsere Fahrt weiter durch Polen, bis wir gegen 9 Uhr morgens an der Grenze zur UdSSR kurz vor Brest ankamen.
Die Abfertigung an der Grenze verlief ziemlich schnell, kurz danach waren wir in der ersten russischen Stadt auf unserer Reise, in Brest.
Bis dahin hatten wir knapp 800 Kilometer zurückgelegt.

In Brest erwarteten uns im dortigen Hotel Intourist zwei schöne Zimmer.
Den Nachmittag verbrachten wir mit einem Spaziergang zur „Heldenfestung Brest", die zu Beginn des zweiten Weltkriegs Schauplatz erbitterter Kämpfe zwischen der Roten Armee und der deutschen Wehrmacht wurde.
Ein Rundgang durch die Neustadt (Altstadt gab's nicht mehr!) rundete den Abend ab.

Nach einem angenehmen Frühstück führte uns am 5. August die Fahrt über den Ort Kobrin, den man schnell vergieß, auf einer Autobahn direkt in Richtung Minsk. Die Autobahn war immer wieder in Abständen gesperrt, da die Einheimischen trotzdem auf

dieser Schnellstrasse blieben, taten wir das auch und kamen am
frühen Nachmittag nach einer Fahrt von etwa 300 Kilometern im
Minsk an.

Im Camping „Minski" erhielten wir Bungalows, nach dem „Auffrischen" folgte noch ein Rundgang durch die Altstadt, die jedoch
sehr „stalinistisch" aussah und der Ostberliner Stalinallee sehr
ähnelte.

Der 6. August versprach Sehenswürdiges, führte uns doch die
Reise in die alte russische Stadt Smolensk, die wir am frühen
Nachmittag nach etwa 250 Kilometern erreichten.

Im Stadtgebiet von Smolensk bestand die älteste Siedlungs-
schicht auf dem Domhügel aus dem 9. und 10. Jahrhundert. In der
zweiten Hälfte des 11. Jahrhunderts gab es dort eine Burgstadt,
im 12. Jahrhundert war Smolensk Hauptstadt des unabhängigen
russischen Fürstentums Smolensk, ehe es von den Mongolen ge-
plündert wurde. 1404 fiel das Smolensker Gebiet an das Großfürstentum Litauen und wurde 1514 vom Großfürstentum Moskau erobert, in den folgenden Jahren wurde der Smolensker
Kreml gebaut, eine der größten befestigten Anlagen im Moskauer
Reich.

1812 wurde die Stadt von der Grande Armee Napoleons erobert.
Auf dem Hotelcamping belegten wir wieder zwei Zimmer, Smolensk zeigte bei herrlichem Sommerwetter die wunderschöne
Uspeni-Kathedrale, ein Kloster und die historische Stadtmauer,
die Napoleons Truppen erstürmt hatten. Auf den Wiesen vor
unserem Haus genossen wir den warmen Sommerabend.

Der Morgen des 7. August führte uns über Wjasma bis nach Moskau. Hier muss einiges über die uns vorgelegte Fahrtroute erläutert werden.

Der uns zur Verfügung gestellte russische Autoatlas lies klar erkennen, das die für uns ausgewählte Fahrroute jeweils die einzige war, die man auch durchfahren konnte. Ein Navigationssystem, was es damals natürlich noch nicht gab, wäre damals völlig unnötig gewesen, es gab nur eine Strasse von A nach B, und die fuhren wir dann.

Es gab aber eine schöne Ausnahme: Wjasma!

Ich hatte aus einem alten Reiseführer in Berlin erfahren, das es in Wjasma herrliche Sakralbauten geben sollte. Die Stadt lag nur einige Kilometer abseits unserer Route, lag jedoch nicht direkt an der Schnellstrasse 1 und deshalb nicht erlaubt. An dieser wie auch an jeder anderen Kreuzung, die von der uns zu befahrenden Schnellstrasse 1 abging, befand sich ein sogenannte GAI-Punkt: Das war ein erhöhter Kontrollpunkt, in dem ein Polizist saß und unsere „Route" überwachte. Man sah schon von weitem vor dem GAI-Punkt, das ein Polizist uns mit dem Feldstecher ermittelt hatte, wenn wir die Kreuzung passierten, gab er diese Meldung an den nächsten „Kreuzungsbeamten" weiter. Diesen mussten wir überraschen!

Wir fuhren also auf den Kontrollposten zu, bogen dann direkt ohne Signal an der Kreuzung rechts nach Wjasma ab und jagten die Neigung in's Tal der Stadt hinunter - die goldenen Kuppeln von Wjasma leuchteten!

Gleichzeitig sahen wir im Rückfenster, wie der GAI-Mann den Turm herunter flitzte, in seinen Lada reinflog und uns nacheilte.

Wir hatten intern besprochen, auf dem ersten Platz, an dem eine Kirche zu sehen war, schnell auszusteigen und in Richtung der goldenen Kuppeln zu rennen. Der GAI-Mann war jedoch auch sehr schnell — er erwischte uns am Platz, machte mit seinem Lada eine Rallye-würdige 360-Gradschleuder und bat uns höflich wieder in unsere Autos zurück. Bis zur Kreuzung an seinem GAI-Punk folgte er uns, als wir dann rechts in Richtung Moskau abbogen, grüsste er freundlich.

Wir hatten aber in Wjasma gesehen: die goldenen Kuppeln, die von der Schnellstrasse 1 zu sehen waren, zeigten unterhalb Kirchenruinen, die für Garagen und Lagerräume umfunktioniert waren. Gold für die Touristen - Ruinen für die Menschen in Wjasma.

Auf dem Rückweg unserer Reise - davon später zu gegebener Zeit!

Auch zum Dorf Borodino, eigentlich ein Ort des Sieges der Zaren- Armeen gegen Napoleon, durften wir nicht abbiegen.

Wir durchquerten ohne Probleme Moskau und kamen am Ziel unserer heutigen Reiseroute gegen 16 Uhr in Susdal an, da hatten wir in etwa 630 Kilometer hinter uns.

Ein herrlicher Hotelkomplex mit Schwimmbad und Sauna, das Touristenzentrum „Hotel Susdal", erwartete uns. Wir verbrachten Stunden im Bad und in der grossen Sauna, in der sich, als wir ankamen, russische Touristen oder Einheimische vergnügten, die dann aber, aus Gründen, die wohl nur verbohrte Apparatschiks verstanden, die Bäder räumen mussten.

Zum Abendessen gab es sogar den guten „Sowjetskoje Champagnskoje" (ich hoffe, das schreibt sich so!).

Susdal ist eine der ältesten Städte Russlands.

Etwa im 10. Jahrhundert kamen slawische Siedler aus dem Gebiet von Smolensk in die fruchtbare Region um Susdal, die erste schriftliche Erwähnung erfolgte 1024. Die Stadt bot aufgrund seiner Wälder Schutz vor Angriffen von Nomadenstämmen, zu dieser Zeit war Susdal bereits eine bedeutende Siedlung und neben Rostow ein wichtiges Handelszentrum der Nordost-Rus.

Nach einem sehr guten Frühstück nahmen wir am 8. August an einer Stadtrundfahrt teil, besichtigten den Susdaler Kreml und das dortige Kloster. Man sah den Gebäuden an, dass diese als Touristenattraktion gesehen wurden, alles glänzte und war in perfektem Zustand.

Der ehemalige Susdaler Kreml, die Muttergottes-Geburts-Kathedrale mit den fünf blauen Kuppeln, dem Erlöser-Euthymios-Kloster, das Mariä-Gewandniederlegung-Kloster - alles glänzte in der Sonne!

Etwas ausserhalb von Susdal liegen am gegenüberliegenden Ufer des Flusses Kamenka das Erlöser-Jewfimi-Mönchskloster und das Maria-Schutz-Nonnenkloster, die beide noch als Kloster genutzt werden. Das 1352 gegründete Erlöser-Jewfimi-Kloster beherbergt viele sakrale Gebäude aus dem 16. und 17. Jahrhundert, eine Sammlung alter russischer Bücher sowie das Grab des Fürsten Dimitri Posharski. Das Kloster diente von 1764 bis in die 1950er-Jahre als Gefängnis für politische und religiöse Abweichler und während des Zweiten Weltkrieges als Kriegsgefangenenlager der Roten Armee und war davor und danach Teil des Gulag-Systems.

Die russische Reiseleiterin erläuterte jedes noch so kleine Detail
ausgiebig, von politischen und religiösen Abweichlern und
Kriegsgefangenen wusste sie jedoch nichts. Sie erzählte noch, das
sie in ihrer Kindheit in Susdal fast nur von Kaviar gelebt hatte,
dieser wurde im Laden in Milchkannen verkauft, sonst gab's wenig Abwechslung auf der Speisekarte — für ein paar Tage hätten
wir gern mit ihr getauscht.
Am Abend trat im Hotel das russische Folklore-Ensemble „RUS"
auf, es wurde gesungen, gespielt und getanzt, wozu auch der angebotene Wodka zur Freude beitrug.
Am Morgen des 9. August verliessen wir Susdal in Richtung
Moskau, unterbrachen die Fahrt jedoch noch im ehemaligen
Wallfahrtsort Wladimir.
Als Hauptstadt des Großfürstentums Wladimir-Susdal spielte die
Stadt in der russischen Geschichte eine bedeutende Rolle als
wichtiges Kultur- und Machtzentrum als auch als vorübergehen-
der Sitz des Metropoliten der Russisch-Orthodoxen Kirche. Die
Moskauer Großfürsten und Zaren führten in ihren Titeln noch
mehrere Jahrhunderte lang Wladimir vor Moskau.
Zu den bedeutendsten Sehenswürdigkeiten zählen die Mariä-
Entschlafens-Kathedrale von 1157 bis 1160, das Goldene Tor, ein
altes Stadttor, die Demetriuskathedrale, das Fürstinnen-Kloster,
nicht weit von der Stadt entfernt befinden sich das Kloster
Bogoljubowo und die Mariä-Schutz-und-Fürbitte-
Kirche an der Nerl.

Am Nachmittag in Moskau angelangt, belegten wir unsere Bungalows im „Tscholnij-Camping" am Stadtrand der russischen Hauptstadt.

Nach kurzem Auffrischen  fuhren wir ins Moskauer Stadtzentrum und sahen uns das berühmte und alte Kaufhaus „GUM" an: berühmt war die Bauweise, das dortige Angebot war eher ärmlich. Bei herrlichem Wetter spazierten wir auf dem Roten Platz am Kreml und besuchten noch den an der Kreml-Mauer befindlichen Alexandergarten. Ob der nach dem Zaren Alexander benannt wurde, konnte keiner der befragten Russen beantworten. Abends gab's wieder den Sowjetischen Champagner!

Der 10. August begann mit einer Bustour über den Roten Platz, führte zum Jungfrauenkloster und zur Lomonossow-Universität, alles sehr interessant und sehenswert.

Das Mittagessen wurde im „Restaurant Moskau" (wo auch sonst!) serviert, mit der sehenswerten Moskauer Metro fuhren wir danach bis zur Station „Belorusskaja", kauften auf der Gorkistrasse ein und nutzten wiederum die Metro bis zur Station Warschawskaja, von der uns ein Taxi zurück zum Bungalow-Camping brachte.

Am 11. August trafen wir uns im Zentrum am „Hotel Metropol", es warteten Taxis und ein Dolmetscher auf uns, die uns zum historischen Ort Sagorsk fahren sollten.

Die Stadt ist vor allem durch das dort gelegene, mittlerweile zum UNESCO-Welterbe zählende Dreifaltigkeitskloster bekannt.

Die historische Stadt ist ein bedeutendes Touristenziel im Moskauer Umland und gehört zum sogenannten Goldenen Ring von alten historischen Städten nordöstlich von Moskau.

Wieder wurde eines der russischen Klöster, das Triniti-Kloster, besichtigt, wiederum in einem tadellosen Zustand. Beim Eintritt wurden die Schuhe ausgezogen, die Frauen erhielten Tücher zur Bedeckung der Haare - und das alles in einem Staat, der behauptete, die Religion abgeschafft zu haben!

Nach einem schönen Mittagessen in Sagorsk fuhren uns die Taxis zurück zum Moskauer Kalinin-Prospekt, von dem wir zum Borodino-Panorama-Museum fuhren.

Von der Mitte eines runden Raumes, den man, von unten kommend, betrat, befand man sich im imaginären Zentrum der Schlacht bei Borodino im Kampf gegen die Armeen Napoleons, die ringsum anstürmten, dem „Feind" (also den Franzosen) direkt in die Augen sehend!

Als „Reliquie" lag das Original-Bulletin der Grande Armee aus, welches die Franzosen in dieser Schlacht verloren hatten. Dieses, für die Franzosen sicherlich sehr wichtige Buch, gab für jeden Tag detailliert an, wo/wann/warum die Grande Armee dort war, ob es zu Feindberührung kam, wie/wieviele/welche Waffengattung betroffen waren, wie die Verpflegung organisiert wurde, usw. Das „Logbuch" gab sicherlich die detailliertesten Angaben zum Geschehen des „Russland-Feldzugs" der französischen Armeen wieder.

Nach so viel Kultur (Klöster) und Historie (Borodino-Panorama)
ging es über den Autobahnring zurück auf unsere Veranda, bei
noch angenehmen Temperaturen genossen wir den sommerlichen
Abend.

Früh am Morgen des 12. August fuhren wir weiter - über Kalinin
zum historischen Nowgorod, welches wir nach 600 Kilometern
und 6 1/2 Stunden Autofahrt erreichten. Wieder erwartete uns ein
schönes Hotel mit dem immer wiederkehrenden Namen „Intourist".

Nowgorod liegt am Fluss Wolchow und lag früher an einer der
wichtigsten Handelsrouten Europas, als eine der ältesten Städte
Russlands kann Weliki Nowgorod über eintausend-jähriges Be-
stehen verweisen.

Im Mittelalter war Nowgorod Hauptstadt einer einflussreichen
Handelsrepublik und bedeutender Mittler zwischen den Rus und
dem Abendland, bevor es Teil des zentralisierten russischen
Reichs wurde. Nowgorods architektonisches Erbe ist unglaublich,
Weliki Nowgorod zählt zu den lebenswertesten Städten Russ-
lands.

Als eine willkommene Abwechslung zu den oft öden und langen
Autofahrten gingen wir im Fluss Wolchow baden.

Die fast durchgehend weiß-getünchte Stadt mit dem Nowgoroder
Kreml sah im frühen Abendlicht gewaltig und schön aus - der
Tag war perfekt — dachten wir!

Beim Abendessen im Intourist fragten wir — das war mittlerweile „Russische Sitte" - nach dem Sekt. Wir wussten, dass es zwei
Sorten des „Sowjetskoje Champagnskoje" gab - einer war sehr

süß und schmeckte nach Bonbon, der andere war köstlich — es
gab nur den Süssen!

 Beim Umschauen im Restaurant sahen wir eine französische
Reisegruppe, die in grossen Eiskübeln dem „Köstlichen" zu-
sprach.

Den wollten wir aber auch, es kam zum Meinungsaustausch,
nach russischer Sitte in Saal-Lautstärke!

Das Personal gab nach, wie erhielten auch den Köstlichen auf
den Tisch geknallt — dieser hatte jedoch die Temperatur des
noch warmen Russlands. Eis gab's nicht, die Franzosen hatten
ihres wohl aus Frankreich mitgebracht - noch dazu hatten diese
das mit der „Eisverweigerung für das Brudervolk DDR" mitbe-
kommen und grinsten uns an!

Es blieb mir nichts übrig — ich hielt eine Serviererin an der Hand
fest, zog sie in die Küche, öffnete sämtliche Fächer und Schübe,
bis ich ein riesiges Fach mit Eis fand. Die Küchenfee behauptete
jedoch, dass es keine Eiskübel mehr geben würde, die hatten
wohl vollständig die Franzosen (wohl aus Wut wegen Bordino)
requiriert. Auf dem Küchentisch stand jedoch ein riesiger Kochtopf, den füllte ich bis zum Rand mit Eis, donnerte diesen Kübel
auf unseren Restauranttisch und stampfte die noch warme Cham-
pagner-Flasche in den Kochtopf — das hatte es wohl in der französischen Küche noch nie gegeben, die Franzosen applaudierten
— Borodino war schnell vergessen!

Nach wiederum gutem Frühstück fuhren wir am Morgen des 13. August nochmals zum Nowgorod-Kreml, den wir diesmal genauer besichtigten. Die Architektur, auch die eines Klosters auf einer Halbinsel des Wolchow-Flusses, war typisch russisch - Zwiebeltürme, herrliche Mosaiken, alte Ikonen, weiss-getünchte Hauswände, grossartige Holzarbeiten deuteten auf eine Hochkultur im Mittelalter Russlands. Die ehemalige Handelsseite des Wolchow glänzte in der Sonne.

Die Nowgoroder Holzkirchen waren übrigens bereits im Mittelalter ein Verkaufsschlager! Ähnlich wie bei IKEA (welches wir in der DDR natürlich nicht kannten) wurden die Kirchen in verschiedenen Grössen „katalogartig" angeboten, beim Kauf wurden die Einzelteile verpackt und mit „Aufbauanleitung" — ohne Nägel versendet.

Nach einem weiteren erfrischenden Bad im Fluss kam der Höhepunkt des Abends - das Folklore-Restaurant „Destinez" im alten Turm der historischen Kreml-Mauer Nowgorods. Mit anderen Touristen und auch (wenigen) Einheimischen hatten wir einen lustigen Abend. Keinem viel auf, das wir in der Mauer des Nowgoroder Kreml saßen, an dem Tag, an dem wir vor 22 Jahren in Ost-Berlin auch Erfahrung mit einer Mauer gemacht hatten.

Am 14. August fuhren wie gegen 9 Uhr wieder los und waren nach knapp 200 Kilometern in Leningrad, dem früheren Sankt Petersburg.

An der Strasse nach Wyborg, etwa 12 Kilometer vom Zentrum Leningrads entfernt, erreichten wir das „Motel Olgino" wo wir zwei recht primitive Häuschen bezogen.

Sankt Petersburg liegt an der Mündung der Newa am Ende des
Finnischen Meerbusens und ist die nördlichste Millionenstadt der
Welt.

Die Stadt wurde 1703 von Peter dem Großen auf einem Sumpf-
gelände nahe dem Meer gegründet, um den Anspruch Russlands
auf einen Zugang zur Ostsee durchzusetzen.

Über 200 Jahre lang trug sie den Namen St. Petersburg, von 1914
bis 1924 hieß sie Petrograd, von 1924 bis 1991 zu Ehren von
Lenin, dem Gründer der Sowjetunion, Leningrad.

Die Stadt war vom 18. bis ins 20. Jahrhundert die Hauptstadt des
Russischen Kaiserreiches, ist ein europaweit wichtiges Kultur-
zentrum und beherbergt den wichtigsten russischen Ostseehafen.
Die historische Innenstadt mit 2.300 Palästen, Prunkbauten und
Schlössern ist mittlerweile Weltkulturerbe der UNESCO. In dieser Hinsicht wird St. Petersburg weltweit nur noch von Venedig
übertroffen.

Beim ersten Sightseeing in Leningrad liefen wir über den
Newski-Prospekt, Leningrads Prachtboulevard, besichtigten die
Isaac-Kathedrale, bestaunten das Denkmal Zar Peter I. mit dem
größten Felsblock unter dem aristokratischen Reiter und die sehenswerte Admiralität.

Zurück im „Olgino", schliefen wir nach so viel Fahren, Laufen,
Staunen und Fotografieren schnell ein.


Der 15. August führte uns zurück in das herrliche Leningrad.
Überall deutete die Stadt auf ihre historische Vergangenheit, Zar
Peter der Erste hatte aus einem Sumpfgebiet eine der schönsten
Städte Europas gestampft. Erste Besichtigungsziele waren die

Peter- und Paul-Festung und der legendäre Panzerkreuzer „Aurora". Im besten Hotel der Stadt, „Hotel Leningrad" (wie war man nur auf diesen Namen gekommen?) konnten wir unser Mittagessen einnehmen, das Essen kam in ruhiger Atmosphäre und war köstlich.

Am Nachmittag hatte „INTOURIST" eine Busfahrt nach Petrodworez, dem Palast des Zaren Peter I., organisiert. Uns erwartete eine umwerfende Palastanlage mit riesigen Wasserkaskaden, wunderschönen Spaziergängen und schönen Plätzen zum Verweilen.

Petrodworez oder Peterhof wurde im Jahre 1705 unter Zar Peter dem Großen als Standort für eine Fähranlegestelle, über die der Zar auf die Insel Kotlin gelangte, gegründet. Nach dem Bau eines Hafens und des Zarenpalastes entstand ein eigenständiger Ort, der 1762 Stadtrechte erhielt. Der Palastkomplex mit dazugehörigen Park- und Gartenanlagen wurde im 18. und 19. Jahrhundert erweitert und zählte damals zu den größten seiner Art.

Zurück in Leningrad verbrachten wir mit unseren Freunden einen sommerlichen Abend vor unserem Motel. Das Motel Olgino war auch ein Treffpunkt vieler Finnen, die Grenze dorthin war nicht weit entfernt. Deren Vierertische waren teilweise voll mit Champagnerflaschen belegt, die Finnen warteten eindeutig auf den Besuch russischer „Damen".


Nach einem ausführlichen Frühstück in der „Snack-Bar" (so hiess die wirklich, geschrieben mit kyrillischen Bustaben !) begann für

uns am 16. August ein weiteres Abenteuer - die Fahrt mit unserem „Mazda 323" in die estnische Sowjetrepublik nach Tallin.
Das diese „Sowjetrepublik" anders war als unsere bisherigen Reiseerfahrungen, zeigte sich schon im ersten Restaurant auf estnischem Boden: wir wurden am Eingang von jungen Frauen in Folklore-Kleidern begrüsst, man reichte Handtücher und warmes Wasser zum Frischmachen und begleitete uns zu sehr schön dekorierten Tischen. Das Mittagessen und der Kaffee danach waren köstlich, eine „Stunde der Erneuerung" wie in
Leningrad vor einigen Jahren gab es hier freundlicherweise nicht.
Nach insgesamt 360 Kilometern erreichten wir glücklich und gesättigt Tallin, am Campingplatz „Kalev" im Stadtteil Kloostrimetsa erwartete uns ein schönes Campinghäuschen, wir badeten in der kalten Tallin-Bay - was will man mehr?
Der Kalev-Komplex umfasst ein olympische Dorf, ein Cafe, Restaurant mit Bar, ein Einkaufszentrum, Tankstelle, Busstation und einen Friedhof, man hatte an alles gedacht!
Die Restaurant-Rechnung zeigte 12,51 Rubel, neben „Pepsi" und „Soljanka" wies die Rechnung noch viele andere Positionen aus, die nicht entzifferbar waren, nun ja….

Für den 17. August hatte das sowjetische Reisebüro „INTOURIST" eine Tallin-Stadtbesichtigung organisiert.
Die Ursprünge Tallinns (auf deutsch Reval) gehen auf eine hölzerne Burg auf dem heutigen Domberg und einen estnischen Handelsplatz zurück, die Mitte des 11. Jahrhunderts gebaut wurden.
Gleichzeitig wurde in dieser Zeit der Hafen der Stadt angelegt.

Der Name Reval rührt vom estnischen Namen des historischen
Landkreises her, dessen Zentrum die Stadt war, und wurde für die
Burg und die spätere Stadt erst von Dänen und Deutschen ge-
prägt.
Wir besuchten und bestaunten den Domberg in der Altstadt, das
Katharinenschloß, die Sängerwiese (die Gesangs-Festivals der
Esten sind weltbekannt!) und den olympischen Segelhafen, das
Mittagessen im schönen „Viru-Hotel" war gut und preiswert.

Ein Stadtbummel durch die quirlige Altstadt rundete den wunderschönen Sommertag ab, am Abend gab's noch ein kurzes Bad im
Meer, bei Schach und Portwein ging die Sonne unter.

Der folgende 18. August begrüsste mit herrlichem Wetter, der
wunderschöne Sandstrand lud zum Sonnen und Schwimmen
(immer noch kalt!) ein, zum Mittagstisch gab's Würstchen im
Strandrestaurant.
Den späten Nachmittag verbrachten wir mit Einkäufen für die
morgige
Weiterreise, nach Tallinn begann dann die Rückreise.
Tallinn mit seiner Hansestadtarchitektur und seinen freundlichen
und
kultivierten Menschen war ohne Zweifel ein Höhepunkt unserer
mehrwöchigen Reise.
Zur „Halbzeit" unseres Urlaubs kam ich mit unserem „Mazda
323" auf einen durchschnittlichen Benzinverbrauch von 9 Litern
auf 100 Kilometer, das war bei grösstenteils Fahrt auf Landstrassen akzeptabel.

Die beginnende Rückfahrt am 19. August nach Leningrad wurde
uns durch einen Dauerregen leicht gemacht.

Nun wieder in der Russischen Sowjetrepublik, erreichten wir
nach einem Halt in Iwangorod zu einem guten und preiswerten
Mittagstisch gegen 16 Uhr wieder unser Camping und Hotel
„Olgino" in Leningrad.

Am weiteren Nachmittag ging's zum Cafe auf dem Dreimaster
„Kronwerk" und zum Einkaufsbummel auf dem Newski-
Prospekt. Ein Rotwein von der Krim in der Grillbar des Motels
ließ die Erlebnisse in Estland Revue passieren.

Nach einem üppigen Frühstück in der „Camping-Snack Bar"
(russisch?) hatten wir am 20. August einen beeindruckenden Tag
vor uns.

Am Vormittag erkundeten wir in Leningrad die Eremitage, eine
der grössten und ältesten Kunststätten der Welt.

Gemälde (im „Rembrandt-Raum hingen ca. 20 Rembrandt-
Originale!), Möbel vergangener Stilepochen, Rüstungen, Gemälde zur russischen Geschichte - es war ein unvergessliches Erlebnis.

Nach einem Mittagessen im Hotel „Leningrad" ging's mit dem
Bus nach Pushkin zu den Palästen der russischen Zaren.

Katharinen-Schloss, Kutschen, alt-russische Uniformen,
grandiose Parklandschaften, beeindruckende Wasserspiele, das
Sommerschloss von Peter dem Grossen - wir waren beeindruckt!

Den Töchtern und auch russischen Touristen gefielen die „Wasserspiele" besonders: Man stieg über mehrere grosse Steine, unter

denen plötzlich eine Wasserfontäne heraus schoß. Schnell war
die Attraktion enttarnt: einige Meter von den Wasserspielen saß
ein Mann in einem kleinen Holzhaus, von dem dieser die Fontä-
nen  ein- und ausstellte.
Am Abend zurück im Motel fielen wir in tiefen Schlaf.


Am 21. August verliessen wir bereits am frühen Morgen Leningrad, vor uns lagen etwa 500 Kilometer zurück nach Kalinin, welches wir am Nachmittag erreichten. Nach den Sehenswürdigkeiten in Leningrad war Kalinin recht gesichtslos, der Stadtbummel
war deshalb recht kurz.
Abends im Motel „Twer" wurden wir noch von einer russischen
Geburtstagsfeier eingeladen, wir hatten die morgige lange Weiterfahrt im Kopf und tauchten nach einigen Wodkas heimlich ab.


Früh gegen 8 Uhr verliessen wir Kalinin in Richtung Smolensk.
Auf dem Rückweg verliessen wir (immer noch ungenehmigt)
eine Abfahrt nach Wjasma, die uns auf der Hinreise durch den
GAI-Polizisten verboten war. Die von der Transitstrasse aus
sichtbaren Kirchen entpuppten sich, nun aus der Nähe betrachtet,
als total verkommen, die Eingangspforten waren weg gebrochen
und zu Garagen und Müllhalden umgewandelt, außer den „Gold-
kuppeln" ein erbarmungsvoller Anblick!
Schon zu Zeiten der Zarin Katharina schuf der Gouverneur Potemkin die nach ihm benannten „Potemkin'schen Dörfer", die
Fassaden dienten damals schon der Täuschung, da hatte die
„Sowjetmacht" eine aristokratische Methode übernommen.

Am Nachmittag erreichten wir nach knapp 600 Kilometern wieder unser bekanntes Motel in Smolensk. Die uns zugeordnete „Hütte" war, um es freundlich zu sagen, „schlicht". Wir flüchteten in die schöne Altstadt von Smolensk - Besichtigungen, Einkaufen, das Übliche.

Der 23. August zeigte uns „Ostdeutschen", das wir nicht überall im „Bruderland" beliebt waren: einer Berliner Familie unserer Reisegruppe waren alle vier Reifen ihres Wartburg-Pkw zerstochen, die Reparatur dauerte bis zum Nachmittag. Wir machten einen Abstecher nach Talaschkino, etwa 20 Kilometer von Smolensk entfernt.

Im Jahr 1893 hatte die Fürstin Tenischewa den Besitz Talaschkino als Ort für eine Künstlerkolonie zur Förderung der russischen Volkskultur gekauft. Mit Hilfe von Künstlern der Künstlerkolonie Abramzewo ließ die Fürstin ein Gutshaus bauen, in dem sie Werkstätten für Keramik und Holzschnitzereien sowie eine Schule für Spitzenklöppelei einrichtete.

Der Architekt Viktor Suslow erbaute die Heilig-Geist-Kirche mit schönen Fresken und dem berühmten Jesus-Mosaik über dem Eingang.

Am Nachmittag ging's dann weiter zurück nach Minsk, welches wir gegen 18 Uhr erreichten. Die „Wartburg-Familie" war schon in der „Veranda-Bar", bei russischem Portwein ließen wir den Tag ausklingen.

Der letzte „inner-russische" Urlaubstag führte uns am 24. August zurück nach Brest. Wir nutzten wieder die eigentlich verbotene Autobahn, es gab einige Baustellenbereiche (ohne sichtbare Strassenbauer), die wir umgehen

mussten und auch konnten, es gab kaum Verkehr, so daß wir
schon gegen Mittag Brest erreichten.

Nach kurzem „Frischmachen" und Mittagstisch in der Hotelbar
des INTOURIST-Hotels namens „Brest" (wir ahnten die Namensgebung) folgte der letzte grosse Einkauf in Weißrussland:
Gläser, Pfannen, schnell Vergessenes, bestickte Tischdecken
wechselten den Besitzer. Ein letztes gemeinsames Abschieds-
Dinner in der Hotelbar beendete das „Abenteuer Sowjetunion".

Der 25. August begann früh um 6 Uhr mit der Rückreise.
Nach etwa einstündigem Stop an der Grenze zu Polen ging's fasst
ohne Aufenthalt über Warschau zirka 700 Kilometer quer durch
Polen, gegen 16 Uhr erreichten wir die polnisch-ostdeutsche
Grenze bei Frankfurt an der Oder.
Die ostdeutschen Grenzer ermöglichten einen 90 minütigen Aufenthalt im Grenzbereich, unsere Hinweise auf eine hinter uns
liegende lange und anstrengende Fahrt durch Polen brachte keinen Gesinnungswechsel.

Die letzten Kilometer in der DDR bis Berlin waren jetzt keine
Herausforderung mehr, gegen 18 Uhr erreichten wir nach in der
Sowjetunion und Polen gefahrenen 7.455 Kilometern Berlin!

„Na Sdarowje" - auf die Gesundheit — oder vielleicht auch:
Alles gut gegangen!

# Drei Wochen durch die Tschechoslowakei und Ungarn nach Rumänien und zurück

## Reise vom 7. Juli bis zum 27. Juli 1984

Unser Sommerurlaub im Jahr 1984 begann am 7. Juli.

Unser diesjähriges Gespann bestand aus einem „Mazda 323" und dem Campingwagen „Bastei" - der Mazda zog den „Bastei" schon etwas besser als der vorherige „Wartburg-Tourist", wir konnten also mehr Gepäck mitnehmen.

Gegen 10 Uhr ging's los, um die Mittagszeit erreichten wir den Grenzübergang in Schmilka. Die Abfertigung durch die DDR-Grenzer erfolgte überraschenderweise zügig, die Tschechen hatten da mehr Zeit!

Kurz vor Prag machten wir noch eine Atempause mit Kaffee im „Bastei", dann ging's direkt in die Prager Altstadt. Wir parkten in einer ruhigen Seitenstrasse neben dem „U Fleku".

Die Brauerei und das Restaurant U Fleků in Prag gehört zu den bekanntesten und meist besuchten tschechischen Kulturstätten.

Wir hatten vor, dort am Abend noch ein frisches dunkles Lagerbier zu trinken und in einer ruhigen Nebenstrasse zu übernachten.

Vorher machten wir noch einen Spaziergang durch das abendliche Prag, nahmen am Stare Mesto unser Abendbrot - Gulasch mit Knödel - ein und schliefen nach dem Lagerbier im „U Fleku" schnell ein.

Von wegen „ruhiger Seitenstrasse"!

Nach der Schliessung des „U Fleku" durchquerten die „ruhige Seitenstrasse" unzählige Zecher, sangen tschechische und deutsche Sauflieder, so daß an ein Schlafen nicht mehr zu denken war. Als die ost- und westdeutschen Touristen erkannten, das hier ein ostdeutscher Wohnwagen stand, wurde kräftig aber freundlich an die Tür und die Fenster des „Bastei"

geklopft, unser Nachtquartier begann zu schaukeln, erst lange
nach Mitternacht beruhigte es sich und wir konnten bis in den
Morgen des kommenden Tages schlafen.

Bei sehr schönem Sommerwetter verliessen wir am 8. Juli gegen
9 Uhr die tschechische Hauptstadt. Auf einem Rastplatz an der
Autobahn Richtung Bratislava frühstückten wir in Ruhe, aßen an
der Raststätte „9 Kreuze" zu Mittag und erreichten hinter Bratislava die Grenze zu Ungarn.
Auf tschechischer Seite gab es zur Überraschung einen Grenzübergang speziell für DDR-Touristen, da waren wir schnell in
Ungarn angekommen.
Gegen 19 Uhr hatten wir Budapest erreicht. Wir parkten Auto
und Wohnwagen auf einem freien Platz an der Margarethenbrücke, diesen kannten wir schon von vorherigen Reisen.
Bis nach 22 Uhr spazierten wir noch durch das sommerliche und
für Ostdeutsche ersehnte „westliche" Ambiente der ungarischen
Hauptstadt, diesmal war die Nacht ruhig.

Der 9. Juli begann wieder mit „Kaiserwetter". Wir frühstückten
im „Bastei" und fuhren in Richtung Szeged bis nach Kecskemet,
einen schönen Ort mit langer Geschichte.
Die Gegend um Kecskemet war bereits um 3000 v. Chr. besiedelt, Türken und Österreicher belagerten abwechselnd die Stadt.
Die meisten Sehenswürdigkeiten entstanden in der Zeit des Jugendstils. In einem netten Restaurant in der Altstadt aßen wir zu
Mittag, danach ging es weiter bis zu unserem Tagesziel Szeged.

Vorher lösten wir in einer Bank unseren ersten Reisecheck ein:
für 1.370 Ostmark erhielten wir 7900 ungarische Forint.

Szeged ist die sonnenreichste Stadt Ungarns. Über 2000 Sonnen-
stunden pro Jahr haben der Stadt den Beinamen „Stadt des Son-
nenscheins" beschert. Die Stadt machte ihrem Beinamen alle
Ehre: die Sonne strahlte!

Szeged liegt im Süden Ungarns und gehört zum südlichen Teil
der Großen Ungarischen Tiefebene am Fluß Theiß, die etwa 120
km südlich von Szeged auf dem Gebiet Serbiens in die Donau
mündet. Die Stadt ist mit zirka 160.000 Einwohnern die dritt-
grösste Ungarns.

Auf dem Campingplatz an der Dorozsmai- Strasse fanden wir
einen schönen Stellplatz für 170 Forint die Nacht.

Im nahe liegenden Thermalbad badeten und sonnten wir uns, am
späten Nachmittag erledigten wir bei nunmehr angenehmen
Temperaturen einige Einkäufe und gestatteten uns in einer „Aus-
sen-Gastronomie" zwei Eis für die Töchter und zwei
„Kronenbourg"-Pilsner für uns, da waren die nächsten 150 Forint
futsch.

Am Abend schliefen wir tief und fest ein.


Der 10. Juli zeigte sich wieder von seiner besten Seite: strahlend
blauer Himmel, bereits nach unserem Frühstück wurde es zunehmend wärmer.

Wir verliessen Szeged in Richtung Mako und erreichten den
Grenzort Nadlac an der Grenze zu Rumänien. Die Grenzkontrolle
verlief zügig. Am Grenzübergang kauften wir Coupons für 140
Liter Benzin, der Liter für 10 rumänische Lei.

Im Hotel „Astoria" im rumänischen Arad lösten wir noch Umtausch-Gutscheine ein, über Timisoara erreichten wir unser Ziel Baile Herkulane (Herkulesbad), einem Kurort im Banat Rumäniens.

Die Existenz der Siedlung ist seit dem Jahr 153 durch eine römische Inschrift bezeugt. In der Zeit des Römischen Reiches war „Ad aquas Herculi sacras" ein wichtiger Kurort, der dem griechisch-römischen Gott Herakles gewidmet war. Aus dieser Epoche stammen zahlreiche archäologische Funde.

Auf einem in der Nähe von Herkulesbad gelegenen Campingplatz fanden wir einen schönen Stellplatz für unser Gespann und spazierten noch an der Kuranlage entlang. Bei Einbruch der Dunkelheit kamen tausende Glühwürmchen aus den Flussufern, die ganze Gegend leuchtete.

Wir schliefen in unserem Wohnanhänger früh ein.


Den Vormittag des 11. Juli verbrachten wir bei herrlichem Wetter im Herkulesbad. Wir hatten den Anschein, das seit dem Rückzug der Römer hier nicht mehr viel investiert wurde, das Thermalwasser war jedoch sehr angenehm.

Kurz vor Abfahrt zu unserem nächsten Ziel Bukarest kamen ein paar junge Rumänen und wollten Zündkerzen für ihren Dacia-Pkw kaufen. Ich hatte für den Mazda einen Vorrat dabei, diese passten jedoch nicht zum Dacia-Gewinde. Die Rumänen kauften einige Zündkerzen trotzdem, sie wollten Adapter für die Zündkerzen anfertigen! Ob das jemals funktioniert hat, entzieht sich meiner Kenntnis.

Gegen Mittag verliessen wir Herkulesbad in Richtung Turbo Severin und Pitesti, hier begann die rumänische Autobahn nach Bukarest.

Gegen 21 Uhr erreichten wir Bukarest - eine Stadt ohne jegliche Strassenbeleuchtung, wir kamen uns vor wie in einer Geisterstadt!

Es war praktisch unmöglich, den von uns avisierten Campingplatz zu finden. 30 Kilometer ausserhalb Bukarests fanden wir per Zufall einen Campingplatz: Bei lauter rumänischer Musik und Hundegebell fielen wir in unserem Wohnwagen in den Schlaf.

Am 12. Juli verliessen wir früh und da schon bei 35 Grad Bukarest in Richtung Constanta, welches wir gegen Mittag erreichten. Die Verbindung zum Schwarzen Meer war wohl die einzige Autobahn Rumäniens, trotzdem gab es wenig Verkehr.

Der von uns angepeilte Campingplatz in Mamaia war nicht besonders, wir fuhren weiter nach Eforie-Süd, dort suchten wir uns einen schönen Stellplatz direkt am Steilhang zum Meer aus. Wieder genossen wir das Schwarze Meer mit hohen Wellen und angenehmen Temperaturen, am ganzen Nachmittag wurde gesonnt, gebadet und von der letzten Nacht in Bukarest erholt. Abends machten wir noch einen Kennenlern-Spaziergang durch das Örtchen, eine Reihe von Restaurants wartete auf Gäste.

Bei herrlichem Wetter verbrachten wir am 13. Juli am Ufer und in Wellen des Schwarz-Meeres, die Töchter kamen mit schönen Muscheln, die sie in der Bucht fanden. Am Nachmittag ging's nach Constanta in das Delphinarium, wohl das einzige in ganz Osteuropa.

Wir waren über die Shows begeistert, die Problematik einer nicht art-gerechten Tierhaltung wurde damals noch nicht diskutiert. Voller Erlebnisse gingen wir noch über einen Markt in Constanta, der die üblichen Touristika anbot.

Constanţa wurde im 7. Jahrhundert v. Chr. von Griechen gegründet und wurde unter dem Namen „Tomoi" eine römische Stadt. Hier lebte ab dem Jahr 8 nach Christus der aus Rom verbannte Dichter Ovid, der um das Jahr 17 hier auch starb. Zeitweise stand die Stadt unter dakischer, skythischer und keltischer Herrschaft. Unter dem römischen Kaiser Konstantin I. wurde die Stadt zu Ehren seiner Schwester in Constantiana umbenannt.

Zurück an unserem Wohnwagen kamen Ostdeutsche auf uns zu, es waren die Musiker der Rockband „Phonolog" aus Berlin, die über den gesamten Sommer allabendlich im Nachbarhotel spielte.

Der Tagebucheintrag für den 14. Juli war kurz: bei morgendlich bereits um die 30 Grad konnten wir ausgiebig den herrlichen Sandstrand und das erfrischende Wasser des Meeres geniessen, mittlerweile lagen die Temperaturen über 35 Grad!

Da das Geschäft auf dem Campingplatz wenig (und das ist schon übertrieben!) an Lebensmitteln, Getränken, Postkarten etc. bot, fuhren wir am Nachmittag bei erträglicher Temperatur nach Eforie-Süd, um dort das Notwendigste ein zu kaufen.

Zum Abendbrot gingen wir in die Gaststätte, in dem die Band „Phonolog" sehr professionell aufspielte. Vor Bestellung der Speisen und Getränke warnten uns die Musiker, stets den billigsten Wein zu bestellen, den würden wir eh bekommen, auch wenn wir einen besseren bestellen würden.

Beim Essen konnten die Kellner nicht schummeln, das Essen war gut — der billige Wein gut genug!


Der 15. Juli begann und endete bis zum Nachmittag bei hohen Temperaturen um die 35 Grad, der wiederum zum Baden und Sonnen einluden — wir hatten zwischenzeitlich die gewünschte Bräune erreicht.

Bei nachlassender Temperatur fuhren wir an der Schwarzmeerküste bis fast an die bulgarische Grenze nach Mangalia.

Die Stadt wurde im späten 6. Jahrhundert v. Chr. als Kolonie von dorischen Griechen aus Herakleia Pontike mit dem Namen „Kallatis" gegründet. Seit dem 9. Jahrhundert war sie bei den Türken als Stadt „Pangalia" bekannt, bei den Rumänen als „Tomisovara" und bei den Griechen als „Panglicara". Die Stadt war aus historischer Sicht einer der wichtigsten Häfen an der Westküste des Schwarzen Meeres. In Magalia befindet sich die älteste erhalten gebliebene Moschee Rumäniens und ein archäologisches Museum.

Auf dem Rückweg machten wir noch im rumänischen „Luxus-Badeort" Olimp halt.

Hier verbrachte die rumänische Präsidenten-Sippe der  Ceausescus ihren Urlaub an der Schwarzmeerküste. Angeblich soll es für den Diktator einen Glaskanal auf dem Meeresgrund gegeben haben, in dem er bis über 100 Meter am Grund des Schwarzmeers wandeln und Fische beobachten konnte. Olimp war heillos überlaufen, der Strand und das Meer waren schmutzig - schnell ging's zurück nach Eforie-Süd.

Der 16. Juli verlief wiederum bei hohen und erwünschten Temperaturen vollständig am Strand.

Wir hatten aus Berlin eine Angel mitgenommen, nach zirka 10 Minuten versanken Blei und Köder — das Schwarze Meer hatte uns besiegt!

Der 17 Juli war unser letzter Tag in Eforie.

Wir hatten dort 6 Tage den Stellplatz belegt, es gab jedoch immer Tricks, die Tagesgebühren zu reduzieren — bei uns kamen als „Kompromiss" 2 bezahlte Tage heraus.

Wir hielten auf unserem Rückweg nochmals in Constanta, schlenderten durch den riesigen Hafen, besuchten das dortige und für DDR-Touristen einmalige Minarett, gingen in das Meeres-Aquarium und badeten zum letzten Mal bei hohem Wellengang im Schwarzen Meer von Mamaia.

Die Schwarzmeerküste bei Mamaia zeichnet sich durch 40 bis 300 Meter breite, helle und feine Mineral- und Muschelsandstein-Strände aus. Die Strände fallen hier seicht ins Meer ab, dahinter verläuft die Promenade mit Restaurants, Cafés, Eisdielen und Geschäften. Die Promenade wurde von einem schönen Baumbestand flankiert.

Wir wollten nicht - mussten aber schweren Herzens diesen schönen Flecken Erde verlassen.

Gegen 17 Uhr verliessen wir die Meeresküste endgültig in Richtung Tulcea, welches wir gegen 19 Uhr erreichten.

Vor dem Hotel in Tulcea stellten wir unser Gespann „Mazda-Bastei" ab und schliefen entspannt ein.

Tulcea hat eine spannende Geschichte: die im 8. Jahrhundert v.
Chr. gegründete Stadt wurde von dem griechischen Weltreisen-
den, Völkerkundler und Geographen Herodot von Halikarnassos
im 3. Jahrhundert v. Chr. unter dem Namen „Castrum Aegyssus"
erstmals erwähnt. Ovid führt in seinem Werk „Ex Ponto" den
damaligen Namen der Stadt auf den dakischen Gründer
Carpyus Aegyssus zurück.
Tulcea ist bereits seit dem Altertum eine bedeutende Hafenstadt.
Nach ihrer Eroberung durch die Römer im ersten Jahrhundert war
sie Basis der römischen Nordost-Flotte. Die römische Legion I
Iovia Scythica war mit einem Truppenteil dort stationiert und
bewachte als Legio ripariensis („Uferlegion") an der Donau die
Grenze zum Barbarium - das waren zu dieser Zeit WIR!


Am 18. Juli verliessen wir bereits früh um 2 Uhr 30 Tulcea mit
unserem lang geplanten Ziel, dem Donau-Delta!
Bei unsere dortigen Ankunft wurden wir schnell mit den dortigen
Tatsachen konfrontiert: Die rumänische Währung „Lei" war dort
augenscheinlich unbekannt, eine Fahrt durch das Donau-Delta
wurde für 30 US-Dollar
angeboten — pro Person! Da konnten wir nicht mithalten.


Die Enttäuschung war gross, den Urlaub wollten wir uns trotz-
dem nicht vermiesen lassen.
Um 6 Uhr früh setzten wir mit der Donaufähre nach Braila über,
von dort ging es weiter bis nach Brasov (deutsch: Kronstadt).
Brasov ist welt-bekannt durch die 1477 gebaute evangelische
Schwarze Kirche (rumänisch Biserica Neagră) mit ihrer Buch-

holz-Orgel. Weitere Sakralbauten wie die orthodoxe Kathedrale
und die Kirche des Nikolaus von Myra (rumänisch Biserica
Sfantul Nicolae), die 1292 errichtet und 1495 aus Stein neu gebaut wurde, sowie die Neologe Synagoge und die Orthodoxe Synagoge waren Augenweiden.

Das alte Rathaus am wunderschönen Rathausplatz gilt als weiteres markantes Zeichen der Stadt. Die St. Bartholomäus-Kirche
aus dem 13. Jahrhundert ist das älteste Bauwerk der Stadt. Die
historische Altstadt ist geprägt von spätmittelalterlichen Bürgerhäusern und stilvollen Bauten des 19. Jahrhunderts. Sehenswert
sind auch die mittelalterlichen Stadtbefestigungen, darunter das
Katharinentor aus dem Jahr 1559, die Weberbastei, der Weiße
Turm und der Schwarze Turm.

Nach einem begeisternden Stadtrundgang und dem Besuch einiger Geschäfte (die mehrheitlich weiblichen Verkäuferinnen trugen Namensschilder wie „ Maria Mueller", Katharina Meier" etc.
- hier war wohl der Ursprung der Siebenbürger Sachsen!) fuhren
wir weiter bis nach Sighisoara (deutsch „Schäßburg).

Sighisoara wurde in der zweiten Hälfte des 12. Jahrhunderts von
deutschen Einwanderern, den Siebenbürger Sachsen, gegründet.
Im Jahre 1280 wird es als „Castrum Sex" das erste Mal urkundlich erwähnt. Ihr einzigartiges historisches Zentrum wurde 1999
zum Unesco-Weltkulturerbe erklärt. Die literarische Gestalt des
„Dracula" von Bram Stoker wird mit Schäßburg in Verbindung
gebracht.

Wir übernachteten auf einer unendlich grossen, duftenden Feld-
blumenwiese.

Schön ausgeschlafen weckten wir am 19. Juli langsam auf. Nach dem Frühstück im Wohnwagen fuhren wir auf unserem Rückweg wieder nach Sighisoara. Dort sahen wir uns das historische Zentrum der Stadt, die sogenannte Burg an, bestaunten der Stundturm, das Wahrzeichen Sighisoaras und schlenderten durch die verwinkelten Gassen.

Gegen Mittag ging's weiter nach Mediasch. Die kleine Stadt in Siebenbürgen wurde bereits Mitte des 13. Jahrhunderts von siebenbürgisch-sächsischen Siedlern besiedelt. Nach einem Stadtrundgang führte unser Weg nach Valera Viilor, deutsch Wurmloch.

Wir besichtigten die Kirchenburg von Wurmloch, die bereits im 14. Jahrhundert erbaut wurde. Im Jahr 1999 wurde Wurmloch in die Liste des UNESCO-Weltkulturerbes aufgenommen.

Die Kirchenburg war phantastisch: diese war so erbaut, das bei einem Überfall feindlicher Truppen die gesamte Dorfgemeinschaft in der Burgmauer Schutz finden konnte. Eine deutschsprachige Einwohnerin (Siebenbürger Sachsen) führte uns durch die Anlage. Es wurde in der Kirche gerade ein hölzerner Kerzenring restauriert, dafür hatte man noch eine einzige Tube Klebstoff, in der noch ein Rest enthalten war.

Man zeigte uns einen Raum, in dem Speck hing, am Ende eines jeden Speckstücks war ein Stempel zu sehen — damit wurde Diebstahl (abschneiden eines Stücks Speck!) verhindert.

Von der Aussicht auf der Kirchturmspitze konnte man genau erkennen, welche Häuser noch den ursprünglichen Besitzern bewohnt waren, viele waren schon in die Bundesrepublik ausgereist, der Schaden für das ansonsten noch ansehnliche Örtchen war klar erkennbar. Man wollte uns zum Abendessen einladen, die Einwohner hatten jedoch nichts zu essen übrig.

Da wir am kommenden Tag in Ungarn sein würden und es dort genug zu Essen und Trinken gab, hinterliessen wir Mehl, Eier, Wurst, Nudeln und Getränke bei den sehr freundlichen Menschen in Wurmloch.

Bei der Ausfahrt aus Wurmloch war am Strassenrand ein grosses Plakat zu sehen, auf dem der rumänische Staatspräsident der Bevölkerung mitteilte, das die „unzureichende Versorgung mit Elektrizität ein Problem der gesamten Welt sei" - zwei Tage später in Ungarn war diese Weisheit des rumänischen „Staatsoberhaupts" wohl unbekannt!

Am Nachmittag fuhren wir dann weiter über Cluj (Klausenburg) bis kurz vor Oradea, wo wir, die Eindrücke von Wurmloch noch im Kopf, auf einem Parkplatz übernachteten.

Oradea liegt direkt an der Grenze zu Ungarn. Wir waren bereits früh am 20. Juli dort angekommen.

Ein kurzer Einkaufstrip durch die Geschäftsstrassen pulverisierte unseren letzten Vorrat an rumänischen Lei — wir kauften schöne Gläser, dann war das Geld weg — wie schon erwähnt: umtauschen konnten wir es sowieso nicht.

Kurz vor dem Grenzübergang zu Ungarn hielten wir an einem Café an der Landstrasse, um einen Kaffee zu trinken.

Im Innern des Cafés saßen zwei ältere Frauen mit Kopftuch auf einer Bank hinter der Theke, erst beim Herangehen bemerkten wir sie.

Wir tranken guten Kaffee und Limonade für die Töchter. Ein Schild erregte meine Neugier: über einer Tür stand dort sinngemäß: „Separee - Eintritt nur mit Genehmigung des Barpersonals" — ich bat um Genehmigung, diese wurde nach kurzem Blickaustausch der Bardamen genehmigt — der Raum war mit dem Eingangsraum identisch - nur ein grossformatiges Poster von Marilyn Monroe machte aus dem Raum das „Allerheiligste"! „Manche mögen's heiß!"


Am Grenzübergang dauerte es etwa 90 Minuten, bis wir nach Ungarn einreisen konnten.
Wir fuhren noch bis Szolnok und fanden dort einen schönen Campingplatz.
Der Ort wurde um das Jahr 1030 als Burg des Komitatschefs erbaut und nach dessen Namen Zounok benannt. Von 1552 bis 1685 befand sich die Stadt unter türkischer Herrschaft.
Wir kauften im Ort Lebensmittel ein, die wir in Wurmloch hinterlassen hatten, hier in Ungarn gab's alles in Hülle und Fülle — ein Elektrizitätsproblem war ebenfalls unbekannt!
Zurück am Campingplatz wuschen wir den Wohnwagen und den Mazda in einer Autowäsche — hier war alles etwas sauberer. Die Rechnung des Campinglatzes (Szolnok megyei Idegenforgalmi Hivatal) betrug 198 ungarische Forint, der Weg zu diesem finanziellen Endergebnis blieb ein Geheimnis des Angestellten des Campingplatzes.
Bei sehr schönem Sommerwetter verbrachten wir den Vormittag des 21. Juli im Thermalbad von Szolnok.

Am Nachmittag verliessen wir den Campingplatz in Richtung
Budapest, welches wir gegen 16 Uhr erreichten.
Direkt am Szechenyi-Heilbad fanden wir einen sehr schönen
Parkplatz für unser Gespann, hier blieben wir bis zur Abreise am
23. Juli.
Vom Keleti-Bahnhof der U-Bahn ging's am späten Nachmittag
noch in's Budapester Zentrum, Budapest am sommerlichen
Abend — einfach herrlich!
Den 22. Juli verbrachten wir ganztägig im Szechenyi-Heilbad.
Die Anlage des Heilbades liegt direkt im Stadtwäldchen. Durch
seine Ausmaße ist das Bad das größte seiner Art in Europa. Es
wurde nach dem Staatsmann Graf István Széchenyi benannt. In
dem riesigen Gebäude gibt es fünf Bäder: Privatbäder,
Dampfbäder für Männer,  Dampfbäder für Frauen
sowie ein „Volksbad" für Männer und für Frauen. In flachem
Thermalbad saßen wiederum ältere Herren und spielten Schach
— die Schachbretter schaukelten auf der Wasseroberfläche!

Am späten Nachmittag ging's nochmals in die Budapester Altstadt zur Vaci utca.
Die Váci utca ist Budapests älteste Handelsstraße und gilt als
bekannteste Flaniermeile der Stadt. Die Strasse in der Pester Altstadt verläuft parallel zur Donau und endet an der Große Markt-
halle, die architektonisch ein Juwel ist.
Wir kauften noch nichts, der morgige letzte Tag in Budapest sollte dafür genutzt werden.
Also grosser Einkaufstag am 23. Juli!

Schon am frühen Vormittag in der Altstadt, hatten wir innerhalb
3 Stunden 4500 Forint ausgegeben.
Diverse Pullover, Hosen, Kinderroller und allerlei Schnick-
schnack wechselten den Besitzer, die vielen privaten „Geschäfte"
in den Hauseinfahrten der Altstadt boten ein Portfolio, welches es
in der DDR nicht gab.
Nach einem letzten Kaffee an unserem Stellplatz am Szechenyi-
Heilbad verliessen wir Budapest in Richtung Komarom an der
slowakischen Grenze.

Auf der in Richtung Prag führenden Autobahn kamen wir am
Nachmittag  über Kamenny Mlyn nach Malacky, wo wir vor dem
dortigen Campingplatz übernachteten.
Im Restaurant des Campingplatzes gab's zum Abschluss noch ein
leckeres Abendbrot.

Am Morgen des 24. Juli fuhren wir weiter bis nach Telc in der
Böhmisch-Mährischen Höhe.
Das historische Stadtzentrum von Telc wurde 1970 zum Denkmal
erklärt. Die Bürgerhäuser am Marktplatz im Renaissance- und
Barockstil aus dem 16. und 17. Jahrhundert bilden die historische
Innenstadt mit Rathaus, Schloss, Heilig-Geist-Kirche, Jesuiten-
kirche, ehemaliger Synagoge und dem Jüdischen Friedhof. Wir
kannten Telc bereits von einer vorherigen Reise, waren jedoch
erneut begeistert.
Am Nachmittag ging's weiter, bis nach Tabor, welches im 15.
Jahrhundert eine Hochburg der Hussitenbewegung war.

Da unsere „Reisespesen" knapp wurden, stellten wir uns auf einem schönen Platz in Nähe des Campings ab — kostenlos, dafür jedoch ein Abendessen im Restaurant des Campings.

Am 25. Juli schauten wir uns noch das historische Stadtzentrum von Tabor an. Wir besuchten noch das ausserhalb Tabors liegenden Barockschloss Mesice mit einem berühmten Ritterhof im Renaissance-Stil und fuhren dann weiter bis kurz vor Karlsbad. Zwischendurch hatten wir in einem schönen Bad an der Strasse pausiert, es war wieder sehr warm geworden.
Auf einem Parkplatz für Wohnmobile ausserhalb Karlsbads wurde übernachtet.
Am Vormittag des 26. Juli durchstreiften wir den Kurort Karlovy Vary (Karlsbad), einem der berühmtesten und traditionsreichsten Kurorte der Welt. In der Stadt gibt es viele historische Kureinrichtungen, darunter die Weißen Kolonnaden, die Marktkolonnade, die Mühlbrunn-Kolonnade, die Parkkolonnade, die Sprudelkolonnade und die Schlosskolonnade. In sämtlichen Kolonnaden sind Heilbrunnen untergebracht, deren Temperatur teilweise über 60° Celsius liegt. Wir befanden uns in illustrer Umgebung: Johann Sebastian Bach, Ludwig van Beethoven, Brahms, Chopin, Dostojevski, Sigmund Freud, natürlich Goethe und Schiller, Karl Marx (auch die Kommunisten konnten geniessen!), Kaiser Joseph II., Kaiser Karl VI., Zar Peter der Große - alle waren hier - und wir nun auch!
Der Stadt war voller Touristen, viele der Kolonnaden waren renovierungsbedürftig.

Nun ging's weiter auf unserer letzten Etappe, die uns bis Berlin führen sollte.

Das unser „Mazda 323" nicht besonders stark motorisiert ist, hatten wir auf unserer Reise schon bemerkt — der schwere „Bastei"-Wohnwagen war schon eine Herausforderung gewesen.

Am Rande Karlsbads auf der Fahrt zum Grenzort Oberwiesental hielt bei starker Steigung vor uns ein Linienbus. Als dieser wieder anfuhr, kam der Mazda nicht in Fahrt!

Frau und Töchter mussten am „Bastei" anschieben, langsam kam das Auto auf Trab, auf einem ebenen Streckenabschnitt konnte ich halten und die Familie wieder aufnehmen.

Die Abfertigung an der DDR-Grenze war zügig, von dort ging's glücklicherweise nur noch bergab.

Auf der Autobahn ging es direkt über Karl-Marx-Stadt nach Berlin, um 20 Uhr hatten wir unsere Wohnung erreicht.

Kurz: es war ein schöner und erlebnisreicher Urlaub!

# Drei Wochen durch die Tschechoslowakei
# in die Sowjetunion bis nach Jalta
# auf der Krim und zurück
# Reise vom 12. Juli bis zum 31. Juli 1985

Unsere Reise begann am 12. Juli 1985 früh um 5 Uhr in Berlin-Köpenick.

Wir hatten eine über 6.000 Kilometer lange Reise bis nach Jalta auf der Halbinsel Krim vor uns, wir waren gespannt, was wir auf dieser Reise alles erleben würden.

Wir hatten uns im Vorjahr einen gebrauchten „CITROEN GSA Pallas" zugelegt, es war demnach ein Wagnis, mit einem französischen Pkw durch die Sowjetunion zu kurven — das Thema „Ersatzteile" wurde einfach ignoriert, die gab's für andere Fahrzeuge ausländischer Hersteller auch nicht!

Gegen 8 Uhr 30 waren wir am Grenzübergang Schmilka angelangt, da es noch ziemlich früh war, wurden wir zügig abgefertigt.Unsere Fahrt durch die Tschechoslowakei führte über Decin, Ceska Lipa, Malta Boleslav, Hradec Kralove bis Mohelnice, das wie gegen 15 Uhr erreichten.

Auf dem von uns bereits in Berlin avisierten Autocampingplatz „MORAVA" wurden zwei Bungalows für insgesamt 96 tschechische Kronen gemietet.

Wir schauten uns am Nachmittag noch den kleinen Ort Mohelnice an, einen der ältesten Städte Mährens, urkundlich erwähnt bereits 1131!

Das Rathaus aus der Renaissance, schöne Kirchen mit Wachturm - wir hätten es nicht besser treffen können.

Bei Einbruch der Dunkelheit wurden auf dem Autocamping Lagerfeuer gezündet, wir hatten bei tschechischem Bier und Slivovice-Likör einen schönen Abend.

Am 13. Juli verließen wir nach 8 Uhr das Camping „MORAVA"
und fuhren nach Olomouc, welches mit recht als ein Juwel der
europäischen Kultur gesehen wird.
Zirka 200 Bauten stehen im Stadtzentrum unter Denkmalschutz.
Die Wenzelskirche am Marktplatz, ein  nationales Kulturdenk-
mal, das Rathaus mit seiner kunstvollen astronomische Uhr - wir
waren begeistert.Weiter ging's bis Roznov pos Radosten, hier
gab's ein tschechisches Mittagessen ( Gulasch mit Knödel ?),
gesättigt mussten wir ständig Umleitungen in Kauf nehmen, bis
wir Kosice gegen 18 Uhr erreichten, da hatten wir bereits zirka
1000 Kilometer geschafft.
Im Hotel „Slovan" buchten wir ein grosses Zimmer, schauten uns
noch die schöne Altstadt an und fielen nach einem kurzen
Abendbrot in die Betten.

Am 14. Juli verliessen wir nach einem ausgiebigen Frühstück
Kosice und kamen über den Ort Michalovce an die slowakisch-
russische Grenze.
Die Abfertigung durch die sowjetischen Grenzer war erwar-
tungsgemäss: von der langen Autoschlange auf tschechischer
Seite ging's auf der russischen auf eine Art Fussballplatz, Auto
hinter Auto und nebeneinander, bis der Platz voll war — dann
schlug das Tor zur rückwärtigen CSSR zu!
Nun kam die Abfertigung auf dem „Fussballplatz" mit bekannter
Prozedur: Fahrzeug- und Reisepapiere kontrollieren, den Citroen
vollständig ausräumen und alles neben das Auto stellen, Lebensmittel (tschechische Hartwurst, Getränke, etc.) wurden konfis-

ziert, unsere Ausweisunterlagen von russischen Beamten in's
russische per Handschrift übersetzt (sonst hätten diese auf der
ganzen Reise nicht gelesen werden können!), das war schon etwas für „hart gesottene".

Nach zirka einer Stunde fuhr man über eine Inspektionsgrube, in
der ein russischer Grenzer saß, an's Ende des „Fussballplatzes",
wenn alle Touristen abgefertigt waren, wurden die Tore zur Sowjetunion geöffnet!

Die Strasse von der russischen Grenze bis zu unserem Tagesziel,
der Stadt Ushgorod, war von Ukrainern bevölkert, die winkend
auf Tauschartikel aufmerksam machten. Um den mageren Bestand an russischen Rubel aufzubessern, tauschten die soeben
Eingereisten „Blue Jeans", Pullover, Büstenhalter, Damen-
Unterwäsche etc. gegen Bares ein, eine kostenlose Autowäsche
am Fluss gab's als „Service" von der Ukrainern dazu!

Die etwas höher gelegten „Lada" der Einheimischen fuhren direkt in's Flusswasser hinein und putzten ihre Auto bei „fliessen-
dem Wasser", man spart, wo man kann.

An hochroten Köpfen und steifen Schritten erkannte man, das
einige Touristen „winterlich" angezogen waren und, in der Ukraine angekommen, sich von mehreren übereinander getragenen
Pullovern und Jeans trennten, um wieder auf Normaltemperatur
zurückzukommen und Geschäfte zu machen.


In Ushgorod erwartete uns das Hotel „Zakarpatie", ein riesiger
„Klopper", wir erhielten zwei grosse Zimmer im 10. Stock mit
Aussicht auf die Stadt. In der Sowjetunion waren die jeweiligen
Unterkünfte festgelegt, ein Suchen nach schönen Unterkünften

entfiel, man nahm, was man bekam — oftmals jedoch waren die „INTOURIST-Hotels" in Ordnung.

Nach einem Mittagessen im Hotel (Essen, Trinken etc. wurde privat bezahlt) schlenderten wir durch das für russische Verhältnisse sehenswerte Stadtzentrum, es erinnerte an die Architektur Österreich-Ungarns. Entscheidungsmöglichkeiten waren manchmal jedoch begrenzt: in einem Café gab's nur Kaffee mit Milch und Zucker aus einem Samowar-ähnlichen Gerät — es kann nur einen geben!
Beim Abendbrot im Hotel gab's als Zugabe zum Essen einen sowjetischen Champagner (den kannten wir schon aus vorherigen Reisen), auf einer im Hotel gleichzeitig stattfindenden russischen Hochzeit wurde wild getanzt und getrunken, wir waren im „real existierenden Kommunismus" angekommen.

Am 15. Juni fuhren wir gegen 9 Uhr zu unserer nächsten Etappe nach Lwow, dem ehemaligen „Lemberg" - also damals auch „Österreich-Ungarn". Wir bummelten durch das ansehnliche Stadtzentrum, aßen im Intourist-Hotel zu Mittag und kamen gegen 17 Uhr auf dem Camping „Lwoshi" an, wo uns zwei „Bastei"-Caravans ostdeutscher Produktion zur Übernachtung bereit standen. Im Vergleich zur CSSR war das Serviceangebot begrenzt - es gab weder Getränke noch Speisen - der Kommunismus war also wirklich „real existierend".

Am 16. Juli starteten wir schon um 6 Uhr früh, die heutige Route hatte es in sich: 500 Kilometer bis nach nach Kiev.

Die Strassen dorthin (keine Autobahn - Landstrassen!) waren streckenweise in Ordnung, gefährlich wurde es, wenn „Strassenbau" erschien - dort lagen Steine jeder Grössenordnung auf dem frischen Asphalt! Langsam fahren war nicht immer die Lösung, dann übernahmen teilweise riesige LKW die Führung und schleuderten die Gesteinswolken durch die Gegend.

Auf dem Camping „Prolisok" warteten zwei Holzhäuser auf uns, wir aßen im Motel zu Mittag und machten uns auf zur ersten Erkundung der alten Stadt Kiev.

Mit einem Autobus bis zur ersten U-Bahnstation, von dort bis zum Strom Dnepr, von dort mit dem Taxi zu „Petscherskaja Lawra" — war geschlossen!

Mit dem Bus also zum Shoppen am „Kreschtchatik", das Angebot war übersichtlich, deshalb zurück zum „Prolisok"und dort einen schönen Sommernachmittag genossen.

Am 17. Juli fuhren wir mit einigen Touristen zum Höhlenkloster in die Altstadt von Kiev - ein Erlebnis!

Am Schalter für die Eintrittskarten kam man sich vor wie eine indische Tempelfigur: überall kamen Hände und Arme an uns vorbei, um schneller an die Eintrittskarten zu kommen, die ukrainischen Touristen hatten eindeutig Heimvorteil.

Noch benommen von den Eindrücken im Höhlenkloster checkten wir im Camping aus und weiter ging's am frühen Nachmittag nach Poltava, welches wir nach zirka 350 Kilometern gegen 16 Uhr 30 erreichten.

Im dortigen Motel „Poltava" wurde geduscht und erfrischt, die Temperaturen im Inneren der Ukraine kratzten an der 40-Grad-Messlatte.

Poltava hat eine traurige Geschichte - speziell für die Schweden! Hier fand im Jahr 1709 die entscheidende Schlacht zwischen Russland unter Peter I. und Schweden unter  Karl XII statt. Der schwedische Karl flüchtete danach bis in's Osmanische Reich, die Osmanen liessen ihn — nach reichlich Lösegeld — zurück in seine kalte Heimat.

Wir hatten die Geschichte auf unserer Fahrt im Jahr 1979 bereits interessiert aufgenommen.

Bei immer noch heissem Wetter genossen wir den Abend am Motel.

Nach einem schönen Frühstück im Motel führte uns die heutige Etappe in Richtung Saparoshje, nach 250 Kilometern Fahrt er-reichten wir unser Hotel in der Altstadt.

Geduscht und nach vorzüglichem Mittagessen machten wir einen Stadtbummel, wir kannten die Stadt bereits aus unserer Reise im Jahr 1979. Wir kauften einige deutschsprachige Bücher, tranken starken Kaffee und fuhren zum bemerkenswerten Stausee des Dnepr - wie alles in der Sowjetunion -- riesengross!

Den Abend verbrachten wir am Hotel bei einer Flasche Krimsekt.


Der 19. Juli führte uns zum Ziel unserer Reise - JALTA!

Gegen 6 Uhr 30 gestartet, erreichten wir den an einem Waldhang befindlichen Campingplatz gegen 12 Uhr 30: die russischen Holzhäuser Nr. 163 und 164 gehörten bis zum 26. Juli uns.

Der Strand am Hotel „Jalta" war schnell erreicht, vor uns lag bei
schönem Wellengang das Schwarze Meer!

Hier trafen wir eine uns aus Berlin bekannte Familie, diese hatte
eine Flugreise vor gezogen! Am Abend wurden die jeweiligen
Erfahrungen bei schmackhaftem Krimwein ausgetauscht.

Der 20. Juli ist schnell erzählt: Wetter sehr gut, baden sehr gut,
Sonnen sehr gut, zwischenzeitliche Speisen — erträglich!

Deshalb fuhren wir am Abend in der Nähe des Campinglatzes zu
einer Gaststätte, wo wir kulinarisch positiv überrascht wurden.

Der 21. Juli zeigte sich wiederum von seiner besten Seite: das
Wetter war wieder sehr angenehm, wir genossen den Pool am
Hotel „Jalta", tauchten im Schwarzen Meer ein — ein gelungener
Urlaubstag.

Am Abend ging's in die Bergregion hinter Jalta, wir fuhren zu
einem Restaurant an einem Gebirgssee in Richtung
Bachtschisserai (wurde so ausgesprochen), wo uns ein leckeres
ukrainische Abendbrot serviert wurde.

Wir konnten von der Terrasse aus beobachten, wie das Küchen-
personal am Gebirgssee Kräuter und Blätter für unser Essen
sammelte! Ich hatte hier noch eine Rechnung über 49 Rubel notiert, weiss aber leider nicht mehr, ob das damals viel oder wenig
war.

Das Wetter am 22. Juli brachte uns bei hohen Temperaturen
schnell wieder an den Strand des „Hotel Jalta" (über die beeindruckende Namensgebung der jeweiligen Hotels war ich immer
noch begeistert!).

Mit kleinen Unterbrechungen mit ukrainischem Sekt, Kaviarbrot und Fischessen waren wir eigentlich immer im Meer oder am Steinstrand.

Am Abend fuhren wir mit einer zu unserer Touristengruppe gehörenden Berliner Familie zum herrlichen Park in Liwadija.

Der Liwadija-Palast war die Sommerresidenz des letzten russischen Zaren Nikolaus II.

Vom 4. bis 11. Februar 1945 fand hier die Konferenz von Jalta statt, an der die Führer der USA (Franklin D. Roosevelt), Großbritanniens (Winston Churchill) und des Gastgebers Sowjetunion (Josef Stalin) über das Nachkriegseuropa verhandelten. Wir genossen den schönen Park und die untergehende Sonne und speisten wiederum im Restaurant am Gebirgsbach köstlich.

Der 23. Juli begann mit einer Überraschung: unser Citroen sprang nicht an! Vom Campingplatz wurde mir eine Werkstatt in Jalta empfohlen, da unser Auto am Hang des Wald-Campingplatzes stand, konnte ich das Auto anrollend starten und kam damit bis zur Werkstatt im Ort. Ersatzteile für den russischen LADA gab's, ein französisches Auto hatte hier jedoch noch niemand gesehen!

Nach einigen erfolglosen Versuchen stand der Grund der Panne fest: es war die Batterie! Man schlug mir den Kauf einer LADA-Batterie vor, diese passte jedoch nicht unter die Kühlerhaube des sehr flachen Motorraums des Citroen. Die defekte Citroen-Batterie an ihrem Stammplatz lassend, wurde die grossformatige LADA-Batterie im Fussraum am Beifahrersitz deponiert und jeden Morgen über ein Batteriekabel gestartet! Das ging dann so bis zurück in Berlin!

Nach gelungener „Reparatur" unseres Autos kauften wir auf dem Markt in Jalta Obst und Gemüse ein - alles kostete 1 Rubel pro Stück! Zum positiven Ausklang des Abends gab's von Campingnachbarn ukrainischen „Massandra"-Portwein, das hätten wir lieber lassen sollen.

Bei wiederum herrlichem Wetter genossen wir den Vormittag des 24. Juli wieder am Strand des Jalta-Hotels.

Bei nachlassendem Sonnenschein fuhren wir zum ausserhalb von Jalta liegende Woronzow-Palais in Alupka. Wir kannten das Palais schon aus unserer Reise an die Krim im Jahr 1979, wir waren wieder begeistert.

Von 1828 bis 1846 ließ der Fürst Woronzow, Generalgouverneur von Neurussland, sich das Schloss als seine Residenz erbauen. Architekt und Planer der romantischen Schlossanlage war der Engländer Edward Blore, der einer der Architekten des Buckingham Palace in London war. Realisiert wurde der Bau von dem englischen Architekten William Gunt. Während das Schloss von der Meeresseite her im maurischen Baustil gebaut wurde, hat es von der Bergseite her einen englischen neu-gotischen Baustil. Das Schloss ist von einem riesigen Englischen Landschaftspark umgeben. Während der Jaltakonferenz im Jahre 1945 lebte Winston Churchill auf dem Schloss. Der Palast war nicht zugänglich, der wunderschöne Garten entschädigte dafür völlig!

Auf der Serpentinenstrasse Richtung Bachtschissarai erreichten
wir wieder das schöne Restaurant mit Wasserfall und Bergsee —
der Tag war vollkommen!

Am 25. Juli nahmen wir an einer Exkursion zum „Nikita-
Botanischen Garten" in der Nähe Jaltas teil. Auch diese Exkursion hatten wir bereits 1979 gemacht, es war trotzdem wert, diesen
schönen Garten nochmals zu durchwandern.

Der Botanische Garten wurde 1812 von Christian von Steven
gegründet und liegt ca. 7,5 km östlich von Jalta in der kleinen
Siedlung Nikita. Der Garten untersteht der Ukrainischen Akade-
mie für Landwirtschaft und beherbergt zwölf Institute. Hauptauf-
gabe ist es die Fauna und Flora im subtropischen Klima der Krim
zu erforschen. Auf einer Fläche von 1100 Hektar werden hier
rund 50.000 Pflanzen aus aller Welt gezeigt, berühmt ist die Rosensammlung mit mehr als 2000 Arten. Es gibt zahlreiche einzigartige Pflanzen, darunter seltene Exemplare der Himalaya- und
Libanon-Zeder, Rhododendren, seltene Heilpflanzen und einen
tausendjährigen Pistazien-Baum. Angeschlossen an den Botanischen Garten sind eine der ältesten botanischen Bibliotheken, ein
Museum und eines der weltgrößten Herbarien.

Wir waren begeistert!

Auf dem Rückweg kauften wir im Markt noch Obst ein und genossen auf unserer Holzhäuschen-Veranda bei würzigem Toma-
tensalat den letzten Abend auf der Krim.


Den 26. Juli nutzten wir vormittags noch zu einem abschliessenden Badetag am Schwarzen Meer. In der Strandbar genossen wir
noch einen schönen

Mittagstisch mit viel Fisch, dann verliessen wir Jalta, die herrlichen Palmen und das Schwarze Meer in Richtung Saparoshje, wo wir gegen 19 Uhr ankamen.

Nach dem Abendbrot im uns schon bekannten Hotel fielen wir früh in einen tiefen Schlaf.

Nach einem ausgiebigen Frühstück und kurzer Einkaufstor (Bücher, im Kaufhaus gestöbert) fuhren wir am 27. Juli gegen 11 Uhr „heimwärts" nach Poltava, welches wir um 15 Uhr erreichten.

Im uns schon von der Hinreise bekannten Hotel gab's ein kleines Mittagessen, dann  fuhren wir mit dem Bus in's Stadtzentrum, kauften wiederum deutschsprachige Bücher ein, bummelten durch die Altstadt mit Denkmal für den Krieg gegen die Schweden — das sollte man sich mal vorstellen: mit einer schwedischen Streitmacht zieht der König quer durch's riesige russische, menschenleere  Reich, landet in der weiten Steppe im Provinznest Poltava, verliert die Schlacht gegen den russischen Zaren Peter und flieht dann quer durch Russland zu den Osmanen, die ihn gegen Lösegeld wieder in's schöne Schweden zurück reisen lassen — macht das Sinn?

Abends im Hotel fand noch eine „Russen-Disco" statt, die Russen tanzten sich (vielleicht wegen des Sieges gegen die Schweden?) in Trance!

Nach dem Frühstück verliessen wir am 28. Juli unser Motel in
Poltava, die Fahrt ging nach Kiew, welches wir um 13 Uhr erreichten.

Uns wurden zwei Holzhäuser zugewiesen, die Bettwäsche war so
frisch, das sie noch naß war. Vor internationalem Publikum wurde uns nach grossem Krach an der Hotelrezeption trockene Bettwäsche genehmigt.

Am Nachmittag zog es uns dann noch einmal in's Zentrum von
Kiew.

Aufgrund ihrer historischen Bedeutung als Mittelpunkt der Kiewer Rus trägt Kiew oft den Beinamen „Mutter aller russischen
Städte". Wegen der vielen Kirchen und Klöster und seiner Bedeutung für die orthodoxe Christenheit wird Kiew seit dem Mittelalter außerdem als „Jerusalem des Ostens" bezeichnet. Wir
besichtigen die Andreas-Kirche und ehemalige Klöster und fuhren am späten Nachmittag zum Hotel zurück.

Das Hotelpersonal war entgegenkommend: Für einen Aufpreis
von 10 Rubel erhielten wir zwei schöne Zimmer im Motel.

Am Abend wollte man uns jedoch nicht in's Hotelrestaurant hin-
einlassen, eine russische (oder ukrainische) Hochzeitsgesellschaft
hatte die meisten Tische okkupiert. Nach langem Palaver wurde
uns ein „plötzlich" freier Tisch angeboten, es wurde noch ein
netter Abend.

Am 29. Juli verliessen wir am frühen Morgen Kiew in Richtung
Lwow, welches wir nach etwa 500 Kilometern gegen Mittag er-
reichten. Wie bereits auf der Hinreise bekamen wir wieder zwei
„BASTEI"-Campingwagen als Unterkunft. Wir nahmen ein klei-

nes Mittagessen ein und schliefen bis gegen 15 Uhr.

Am Nachmittag fuhren nach einem Kaffee in die Innenstadt zum letzten Shopping, es blieb bei einem Versuch.

Nach dem Abendbrot zurück im Campingrestaurant kam es zu einem letzten Abend mit weiteren Ostdeutschen aus Berlin und Karl-Marx-Stadt, während der „Abschiedsgespräche" floß der Krim-Rotwein ermunternd.


Am 30. Juli, die Umgehungsstrasse von Lwow schnell findend, rückten wir ziemlich früh in Richtung Ushgorod aus und erreichten die direkt hinter Ushgorod liegende Grenze zur CSSR.

Die Abfertigung erfolgte überraschend schnell, über Kosice weiter nach Levoca, Poprad, Martin und Zilina bis nach Trencin. Hier wollten wir die letzte Nacht auf einem dort befindlichen Campingplatz übernachten, dieser gefiel uns jedoch überhaupt nicht.Also weiter über Brno kurz vor Prag, wo wir mangels tauschbarer „Devisen" auf einem Autobahnparkplatz im Citroen übernachteten.

Am letzten Tag unserer Reise, dem 31. Juli, wurden wir sehr früh wach: erstens waren die Schlafplätze im Citroen begrenzt, zweitens hatten wir eine Zeitverschiebung von 2 Stunden zwischen Krim und Prag zu überstehen.

Um 7 Uhr kamen wir am Motel „Club Praha" an. Wir frischten uns auf, die Kleidung konnte hier etwas wärmer sein als am Schwarzen Meer. Wir waren wohl an diesem Mittwoch die ersten Kunden in Prag und kauften dort noch Kleinigkeiten ein. Nach der Weiterfahrt kamen wir über Teplice (dort nochmals eventuell etwas einkaufen, was es in der DDR nicht gab) an die Grenze zur

DDR, die restlichen Kilometer gingen wie im Flug vorüber - um 17 Uhr standen wir an unserer Wohnungstür in Berlin.

Anmerkung:
Die Berichte zu unseren Reisen durch Osteuropa sind nicht erfunden - alles haben wir so erlebt!
Die teilweise detaillierten Anmerkungen zu der Orten mit ihren Sehenswürdigkeiten und ihrer Geschichte hatte ich im unten gezeigten „Tagesplanbuch 1976" notiert und später dann mit zur Verfügung stehenden Reiseführern vervollkommnet.
Da speziell für die Sowjetunion derartige Reiseführer im nur geringen Umfang vorlagen, habe ich zusätzlich Auszüge aus Wikipedia und Informationen aus dem Internet verwendet.

Tagesplanbuch von 1976, in dem die Reisen festgehalten sind